U0919423

[illegible]
绿纱今又[illegible]
粉正香，如何两鬓
骨，今宵红灯帐底卧鸳
乞丐人皆谤。正叹他人命不长，那
方，保不定日后作强梁。择膏粱，谁承
花巷！因嫌纱帽小，致使锁枷扛；昨怜破袄寒

哲学的石头

刘学明 著

长江出版社
CHANGJIANG PRESS

红楼以外说红楼

曹雪芹想说什么

冰冷的人生哲学

《红楼》以后无情书

诗意大观园

前无古人的艺术超越

哲学的石头（代序）

无知无识一顽石，偶为造劫历凡尘。
最喜红楼堆锦绣，不信人间无深情。
繁花落尽终成梦，沧桑阅遍始觉空。
质本天真难容世，归我故乡青埂峰！

——自题《咏石头》

《红楼梦》的石头意象，看似荒诞，细想颇有意思。

石头本是无生命之物。冰冷，生硬，沉默，无生无死。

石头又是无情感之物。无知无识，无欲无求。没有灵魂，没有悲喜。

如果不是被好事者携入红尘，它将千年万年居住在那大荒山无稽崖青埂峰下，超然、冷漠地俯视着大千世界、芸芸众生。

但它终究耐不住寂寞，幻化为玉石，幻化为人，来到了熙熙攘攘的人间。

从此便有了生命，有了灵魂，有了情感。

他欢喜着这美好的人间，欢喜着大观园的一草一木，欢喜着大观园的每一个美丽的女子。

他不再是冰冷的、生硬的、淡漠的。相反，他变得温暖、温润、生气勃勃，充满生活的激情。

他的情感因而较世间之人更广博、更热烈、更真诚。他用他的生命在爱。

然而，他毕竟是一块石头，一块无材补天的顽石。虽灵性稍通，但本质未改，朴拙、天真、率直、随性。

然而，这世界不是只有大观园。大观园之外，还有一个争权夺利、钩心斗角、庸碌混乱的世界。

大观园容得下这块石头，但这个世界却容不下这块来自自然、性情乖张、行为偏僻的石头。

于是，石头开始烦恼、焦虑、痛苦不堪。他和这个世界太格格不入了，他再怎么努力，也难以为这个世界所接纳。

他不明白为什么要被逼着去走仕途经济，他不明白相爱的人儿为什么不能在一起，他不明白那些美丽的女子为什么一个个要离他而去，他不明白为什么世上有那么多的无可奈何、不如人意！

他有太多的不明白，有太多的痛苦和无奈。

最后，他累了，倦了。想不明白干脆不想了，由他去吧，没有什么意思。再者，想清楚又如何呢？他愿意改变自己的本性，去迎合这个无情的世界吗？

所以，走向觉悟是他唯一的出路。

什么是人生的真相，什么是生命的价值，什么是他灵魂的故乡，他最终大梦初觉，幡然醒悟，飘然离去。走得决然，绝情，不再留恋，永不回头。

我所居兮，青埂之峰；我所游兮，鸿蒙太空。谁与我逝兮，吾谁与从？渺渺茫茫兮，归彼大荒！

这歌曲是宝玉离开父亲时所唱。歌声悠远、苍凉，不正是石头在向人世间作最后的诀别吗？

石头走了，回到他的故乡去了。他满怀热情地来到人间，又满怀绝望地离开人间，从石头到人，再从人到石头；从无情到有情，再复归无情，他完成了一个人生的循环。他留下了什么？又带走了什么？这是石头的宿命吗？

石头走了，留下这热闹而无趣的人间。无数痴男怨女，依然日复一日，年复一年，重复着石头的红尘往事。

这是人类的宿命吗？人生的意义究竟是什么？人类真正的故乡又在哪里？

我们不知道。也许，只有那块石头知道答案吧。

毁誉参半一红楼

《红楼梦》甫一面世，便充满了争议，毁誉不一。

爱之者如醉如痴，如癫似狂。据资料记载，有人因贪看《红楼梦》，“寝食并废，匝月间连看七遍，遂致神思恍惚，心血耗尽而死”；有人“酷嗜《红楼梦》致成瘵疾。当绵惙时，父母以是书贻祸，取诸投火。女在床哭曰：‘奈何烧杀我宝玉！’遂死。”又有人“喜读《红楼梦》，设林黛玉木主，日夕祭之。”这都是一些极端的例子。前两件记录的是读者因喜爱《红楼梦》心血耗尽、悲痛而亡的事；后一件事更奇，有读者居然奉林黛玉为神灵，天天为她祭拜！一本小说能让读者如此痴迷，古今中外都是极其罕见的。

清嘉庆年间有首“竹枝词”，描述了当时《红楼梦》在民间流行的情形：“开谈不说《红楼梦》，读尽诗书也枉然。一曲红楼多少梦，情天情海幻情身。”《红楼梦》竟成了人们茶余饭后的时尚话题，见面不聊上几句，显得自己没文化，赶不上潮流。辛亥革命前后，谈说《红楼梦》的风气更是盛况空前，所谓“新政风行，谈红学者改谈经济；康梁事败，谈经济者又改谈红学。”经济者，济世安邦之用也。将经济与红学并列，人们不是谈论国家大事，便是讨论红楼之学，可见《红楼梦》在当时社会中的风行程度。

喜爱《红楼梦》的读者固然多，不喜欢的也大有人在，甚至有人恨之入骨，恨不能焚之而后快。清朝时，程朱理学盛行，社会上下讲究“三纲五常”，提倡“存天理，灭人欲”。尤其对于“男女之大防”，更是礼教森严、防范严密，什么“男女授受不亲”，什么“一女不侍二夫”，什么“女子无才便是德”，都是套在人们身上的沉重枷锁。这种礼教和道德观念，经统治阶级提倡，不仅在士大夫阶层占主导地位，而且广泛渗透到普通民众的思想中，成为全社会普遍认可和遵守的道德规范。清朝时候，民间建有那么多的“烈女祠”“贞节碑”，就是一个证明。

可以想象，像《红楼梦》这样一本“大旨谈情”的言情闲书，在清朝那个时代，既不可能见容于当局，又必然为一般士大夫、读书人所排斥。当时，安徽有个学政就指斥“《红楼梦》一书，诲淫之甚者也”“摹写柔情，婉娈万状，启人淫窦，导人邪机。”他甚至咒骂曹雪芹“身后萧条、更无人稍为矜恤”“则未必非编造淫书之显报矣”，语气之怨毒令人不寒而栗。清陈其元则直指“淫书以《红楼梦》为最，盖描摹痴男女情性，其字面绝不露一淫字，令人目想神游，而意为之移，所谓大盗不操干戈也”。他们反对《红楼梦》的理由，都是认为《红楼梦》是一部伤风败俗的“淫书”。这种看法在当时应该很有代表性。

所以《红楼梦》在其成书后的30年间，一直为官方所禁，仅以手抄本的形式在民间偷偷流传。众所周知，清朝的文字狱是很厉害的，一朝268年，共制造了160余起文字狱，平均每半年一起。乾隆时期，文字狱更是达到了登峰造极的地步。乾隆帝对文字曲加解释、牵强附会，制造了多起冤案。他借编撰《四库全书》之名，搜罗天下藏书，乘机销毁的图书多达3100多种、15万部以上，故有“清之纂修《四库全书》而古书亡”之说。而《红楼梦》恰好就是在乾隆初年至乾隆三十年这段时间写成的。在文禁森严的年代，《红楼梦》为什么能够长期在民间流传？特别是在成书30年后，《红楼梦》为什么还能够堂而皇之地付梓印刷、公开发行？这实在是一件很奇怪的事。有种说法，认为《红楼梦》得以公开面世，系和珅之功。说和珅十分喜爱《红楼梦》，便利用自己可以出入禁宫的便利，时不时向老太后游说，宣扬《红楼梦》写得如何如何好。久而久之，老太后被说动了，拿来一看，果然觉得好。乾隆又是一个孝子，为了讨好母亲，便取消了《红楼梦》的禁令。从此《红楼梦》便可以公开发行了。这种说法虽没有确凿依据，但不失为一种合理的解释，可为一笑。

不管怎么样，《红楼梦》在“造劫历世”30年后，终于结束地下手抄本状态，作为正式出版物公开发行了。这是曹雪芹的幸运，更是中国读者的幸运。当然也非常令人感慨。古今中外，凡是伟大的作品，无不具有顽强的生命力。《水浒传》《西游记》，哪一本书未被禁过？但在茶坊酒馆中，在勾栏瓦肆间，像宋江、李逵、悟空、八戒……这些小说中的人物，哪一天不活跃在舞台上，被人们津津乐道？这就是文字的力量。文禁再严，也挡不住自由活泼的思想；文网再密，也禁不住伟大优秀的作品。

民国以后，民智渐开，封建礼教思想逐渐被打破，人们对《红楼梦》价值的认识越来越深刻，评价也越来越正面，基本上呈现出一边倒的局面。近现代名家对《红楼梦》的评价都非常之高。王国维引入西方哲学理论，认为“《红楼梦》，哲学的也，宇宙的也，文学的也。此《红楼梦》之所以大背于吾国人之精神，而其价值亦即存乎此。……《红楼梦》一书与一切喜剧相反，彻头彻尾之悲剧也！”鲁迅从写作艺术的角度，高度评价《红楼梦》：“总之自有《红楼梦》出来以后，传统的思想和写法都打破了。”胡适是考证派的开山鼻祖：“因为《红楼梦》是曹雪芹‘将真事隐去’的自叙，故他不怕琐碎，再三再四地描写他家由富贵变成贫穷的情形。因为如此，所以《红楼梦》是一部自然主义的杰作。”一代伟人毛泽东，指点江山，睥睨天下，也特别看重《红楼梦》，认为“不读《红楼梦》，就不了解封建社会。……（中国过去）除了地大物博，人口众多，历史悠久，以及在文学上有部《红楼梦》等等以外，很多地方不如人家，骄傲不起来。……《红楼梦》不仅要当作小说看，而且要当作历史看。”当然评价最高者当数黄遵宪：“《红楼梦》乃开天辟地、从古到今第一部好小说，当与日月争光，万古不磨者。”视《红楼梦》为与日月同光的伟大作品，可谓登峰造极之评价。

“千淘万漉虽辛苦，吹尽狂沙始到金。”经过 200 多年时间的沉淀，《红楼梦》的伟大价值愈来愈为人们所认识。它是中国古代文学殿堂里最璀璨的明珠，光芒四射，万古不磨。

谁是曹雪芹？

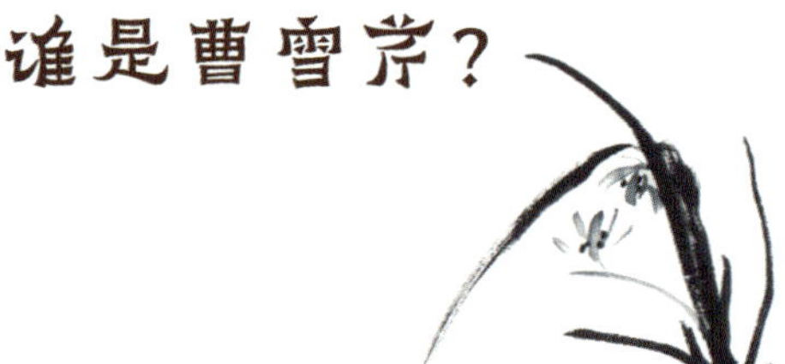

曹雪芹是《红楼梦》的作者，应该是没有太大争议的。

但这么一位文学大咖，留给后人的资料却少之又少。我们只知道他出生在一个“诗礼簪缨之族，钟鸣鼎食之家”，祖上三代四人任江宁织造五十年之久，是康熙朝煊赫一时的贵族世家。到了雍正王朝时期，祖上因事被株连，获罪褫职，家产抄没，家道日衰。到了乾隆初年，曹家似乎又遭到另一次更大的祸变，从此“忽喇喇似大厦倾”“树倒猢狲散”，一败涂地了。曹雪芹的一生恰好经历了曹家盛极而衰的全过程，他少年时曾过了一段锦衣纨绔、饫甘餍肥的美好生活，但家道败落之后，生活极为困顿，过着“蓬牖茅椽、绳床瓦灶”的贫困生活，甚至到了“满径蓬蒿老不华，举家食粥酒常赊”的地步了。

除此之外，曹雪芹在历史的字里行间，杳无踪迹。我们读《红楼梦》，常常为作者的才情所倾倒，诗赋文章、琴棋书画，作者应该都颇有造诣。可惜除了一部《红楼梦》，他没给后人留下只言片语。一首诗，一篇文章，一幅画，甚至一封书信，都如春梦了无痕。倏忽而来，倏忽而去，神龙见首不见尾，遗憾之余，不禁让人掩卷慨叹。

不过仔细一想，也不觉奇怪。曹雪芹的这种遭遇，在古代的小说家中屡见不鲜。直到“五四”以后，小说家这个群体，才逐渐为社会所认可和推崇，在此之前，社会地位是非常低下的，往往为时人所蔑视和嘲弄。中国自古以来有重视文学的传统，认为文学是“经国之大业，不朽之盛事”，但中国社会重视的文学是指《诗经》《离骚》、汉赋、唐诗、宋词，是指诗歌、散文，并不包含小说、戏曲这类文体的。相反，小说、戏曲不仅不受重视，还往往被视为“技之末流”，遭受到社会的普遍歧视。

“小说”一词，早在诸子百家的时候，就被庄子首次提到过，他说“饰小说以干县令，其于大达亦远矣”。但庄子所说的小说，与后世的小说是两个完全不同的概念。后来魏晋出现了“志怪小说”，唐代出现了“传奇小说”，但都没有什么大的社会影响。直到宋明时候，随着城市市民阶层的壮大，流行于勾栏瓦肆、被用作说书人底本的“话本小说”逐渐风行，特别是《水浒传》《西游记》《金瓶梅》等几部长篇小说的接连面世，小说作为一种文体才逐步为人们所认知，其影响也日渐扩大。

小说的影响力虽然在不断扩大，但其社会地位却一直非常低下。东汉的班固很看不起小说，“小说家者流，盖出于稗官。街谈巷语，道听途说者之所造也。”他认为小说是人们道听途说编造出来的，即便有“一言可采”，也是“刍荛狂夫之议也”，并因此认为小说没有什么价值：“诸子十家，其可观者九家而已。”明显地将小说排除在“可观”之列。班固之后，社会上大多持类似的看法，认为小说非文学之正途，不过是人们消闲解闷的雕虫小技而已，“虽取悦小人，终见嗤于君子”，没有什么社会价值。不仅如此，人们还常常视小说为洪水猛兽，认为它乱人心性，败坏风俗，是诲盗诲淫的坏书。甚至咒骂写小说的会遭到报应，不仅自己不得善终，还会牵连子孙。有人咒骂王实甫“嚼舌而死”，咒骂罗贯中“其子孙三代皆哑”，咒骂袁于令（明初小说家）“患舌痒症，自嚼其舌，不食不言，舌尽而死”。明初小说家李昌祺，为永乐年间进士，官至广西布政使，但因为写了《剪灯余话》（短篇小说集），死后竟被取消入家乡庐陵乡贤祠的资格。可见时人对小说的嫌恶程度。

在这样一种社会氛围里，小说家们创作小说，不仅需要才华，更需要勇气。古人读书是为了“修身齐家治国平天下”，读书人若整天写“街谈巷语”，往往被视为不务正业，不被人理解。蒲松龄有一位好友张笃庆，曾写诗规劝他：“故人诗酒迟经岁，海国文章赖数公。此后还期俱努力，聊斋且莫竟空谈。”写小说有什么用呢？八股文写得好，还可以作为仕途经济的敲门砖；小说写得好，充其量只能作为说书唱戏的底本，混口饭吃而已。写小说既不能求官，又不能扬名。非但不能扬名，弄不好，还可能下狱杀头，丢了性命。在这种情况下，小说家本人对自己的创作往往也表现得不自信，甚至自惭形秽，自轻自贱。王国维描述这一社会现象，说小说家“皆以侏儒倡优自处，世亦以侏儒倡优畜之”。像罗贯中这样的大作家，就时常把自己比作倡优。这实在是一件可悲的事，社会视小说家为倡优，小说家自己也以倡优自居。小说家地位之低下、处境之尴尬由此可见一斑。

正因为如此，小说家往往不愿意在作品上署自己的名字，他们认为那并不是一件光彩的事。明代的几部长篇小说，不管是《三国演义》《水浒传》，还是《西游记》《金瓶梅》，其作者究竟是谁，至今迷雾重重，无有定论。像《西游记》的作者，现在一般认为是吴承恩。但在明清的时候，可没有吴承恩什么事，人们普遍认为是全真教的祖师丘处机道长。只是到了近代，胡适、陈独秀、鲁迅等几位文坛大佬主张是吴承恩，此事才定了下来。然而他们也并没有确凿无疑的铁证，所以他们的结论到现在还常常被人质疑。再比如《水浒传》，其作者现在一般认为是施耐庵。但《水浒传》早期的版本，作者署名却是“施耐庵 罗贯中”。明人高儒在《百川书志》中，也曾记载《水浒传》是“钱塘施耐庵的本，罗贯中编次”。这样看来，《水浒传》似乎是施、罗二人的合著。关于施、罗二人的关系，有的说施耐庵是罗贯中的师傅，有的则说罗贯中是施耐庵的老师，简直是一团糨糊。至于《金瓶梅》，因其被视为古今第一淫书，其作者自然不敢署上真名实姓。“兰陵笑笑生”显然是作者的化名。那么这“兰陵笑笑生”是谁？目前“候选人”已达 30 余位，有说是王世贞的，有说是李开先的，也有说是屠隆的，五花八门，莫衷一是。

正因为以上种种原因，古代小说家留存的资料少之又少。如果连作者是谁都搞不清楚，其他的什么史料又从何谈起？这是古代小说家个人的悲哀，也是他们这个群体的宿命。

但是，又有什么关系呢？文学是写给后人看的，或者说，能够留给后人看的才是优秀的文学。百年以后，千年以后，像吴承恩、罗贯中、施耐庵等，他们的形象随着时代的久远可能越来越模糊，但他们创作的作品，却像一座座丰碑，越来越清晰地矗立在文学的殿堂里，熠熠生辉。他们生前寂寞、落魄、贫寒，但他们死后却长久地为后人所推崇、所景仰、所怀想。“尔曹身与名俱灭，不废江河万古流。”古往今来，所谓的文学正统的作品汗牛充栋、不可胜数，文学史上留下名姓、资料翔实的作者也如过江之鲫、夏夜繁星，但真正能与吴承恩、罗贯中、施耐庵这些形象模糊的小说家们比肩的又有几人？他们写诗赋、精时文，并以此中金榜、得高官，扬名于当世，得意于一时，但他们的作品又有几部能够百世流芳、为后人所记取？

从这个意义上说，曹雪芹究竟是谁并不重要。他究竟是不是《红楼梦》的作者？他的籍贯究竟是辽宁辽阳，还是江苏南京？他的父亲究竟是谁？他的家庭究竟遭遇了什么样的变故？他的卒年是1764还是1765年？等等，这些都不重要。我们无须爬到故纸堆里寻章摘句，旁征博引，考证其身世背景、人生际遇。就算考证得再清晰、再翔实，其实也并不能增添作品的任何价值。

作品是一个作家最好的传记，是他最全面的人生备忘录。

所以，我们只需知道，乾隆朝有位曹雪芹，写了一部伟大的小说《红楼梦》。如此足矣。

有趣的灵魂：
曹雪芹与张岱

世间有一个人，无论是经历、见识、才情，还是性格、习惯、癖好，都和曹雪芹极其相似。这个人便是明末清初的散文家张岱。

张岱是谁？可能很多人并不熟悉。但若提起他写的散文《湖心亭看雪》，估计大家又是耳熟能详，印象深刻的：

> 大雪三日，湖中人鸟声俱绝。……独往湖心亭看雪。雾凇沆砀，天与云与山与水，上下一白。湖上影子，惟长堤一痕、湖心亭一点，与余舟一芥、舟中人两三粒而已。

寥寥数语，勾勒出了一幅湖中看雪、天地一色的山水写意画。风格寂美淡雅，意境开阔深远，读之余味无穷，堪称小品文的上乘佳作。

张岱出身世代富贵之家，祖上四代为官，家声显赫。他曾经有过很长一段时间的富贵风流、声色犬马的生活。但后来清兵入关，国破家亡，他为避兵乱，躲入深山隐居。晚年生活窘迫，“布衣蔬食，常至断炊”。

张岱是明代著名的散文家，其作品文辞清丽，才华横溢，时人誉之为“小品圣手”，著有《陶庵梦忆》《西湖梦寻》。著名的《湖心亭看雪》就出自《陶庵梦忆》。他又是著名的历史学家、文化学家，博闻强记，杂学旁收，著作等身。他写过一本书叫《夜航船》，内容包罗万象，堪称明代社会的百科全书。

张岱不仅学问做得好，他还是当时出了名的“玩家”。他曾说自己“少为纨绔子弟，极爱繁华，好精舍，好美婢，好娈童，好鲜衣，好美食，好骏马，好华灯，好烟火，好梨园，好鼓吹，好古董，好花鸟，兼以茶淫橘虐，书蠹诗魔。”什么都喜欢，什么都玩，似乎天下就没有他不喜欢玩的东西。

张岱好饮茶，有辨水焙茶的绝技。他还是个制茶高手，曾精心研制了一款“兰雪茶”，《陶庵梦忆》里记载“如百茎素兰同雪涛并泻也”，“色如竹箨方解，绿粉初匀；又如山窗初曙，透纸黎光”。张岱也是个美食家，每到一个地方，必要尝遍当地的特产。吃东西还特别讲究，色、香、味俱全才合要求。他还喜欢斗鸡，甚至与人成立“斗鸡社”，发檄文相邀各路高手前来相赌。除了吃喝玩乐之外，张岱还是一位文艺青年。他喜欢弹琴，弹得相当不错。一人坐弹无趣，他还拉着一帮朋友成立了习琴的“丝社”。他还是一位超级票友，不仅家里养有戏班，还自己编戏、写戏。有时兴趣来了，自己亲自登台演出，据说还颇受欢迎。

张岱好热闹，喜欢交朋友。他的朋友有文人、隐士、学者，还有艺人、工匠甚至青楼女子，三教九流，无所不包。但他交友有自己的标准，就是重真性情。他曾有一句名言：“人无癖不可与交，以其无深情也；人无疵不可与交，以其无真气也。”语出惊人，令人慨叹。世人交友的标准各种各样，但从未见过这样的怪论。

明清时期的文人雅士很多，张岱不是最出名的一个，但却是最有趣的一个。他是公子中的才士，也是才子中的名士。雅到极处，又俗到极处。亦雅亦俗，大俗大雅。他很像是《红楼梦》里说的正邪两赋的人物。翻遍中国文学史，是绝难找出第二个他这样的人。

不过在他死后近 30 年，出现了一个和他肖似的人物——曹雪芹。他们俩太相像了，以至于有人一度怀疑曹雪芹就是张岱，张岱就是《红楼梦》的作者。

他们都有相似的人生经历。两个人都出身富贵之家，少时锦衣纨绔，名士风流；老来生活困顿，潦倒以终。科举不顺，仕进无望，一辈子不为世用，无所作为。

他们都有过人的才情。两个人不仅富有文学的才能，诗词曲赋，样样皆精；而且见多识广，知识广博。上至天文地理，下至百姓日用，举凡建筑、园林、服饰、美食、医疗、茶艺、梨园、古董，似乎无所不知，无所不晓。《夜航船》是明朝文化的百科全书，《红楼梦》则是清朝社会的《夜航船》。

他们都有相近的脾性。张岱是个被宠坏了的公子哥，做事率性随意，为所欲为，不拘习俗和礼节。琴棋书画，美女娈童，服饰美食，梨园茶艺，凡是他喜欢的，都要去“玩”。喜欢美女也便罢了，他居然承认自己也喜欢娈童；考不上科举也就罢了，他居然公开蓄养戏班，甚至亲自参加演出。种种悖理出格的行为，简直惊世骇俗！这种性格像极了《红楼梦》中的贾宝玉（贾宝玉虽不是曹雪芹，但他的身上寄予了曹雪芹的理想人格）。贾宝玉也是一个温柔乡里长大的“混世魔王”，他不喜八股文章，不喜仕途经济，平生最大的癖好是和女孩子厮混，爱吃女孩子脸上的胭脂，他甚至如张岱一样有“娈童”之癖。做事任情随性，不管世人诽谤，他和张岱其实是一路数的人。只不过贾宝玉没有张岱那么幸运，他有一位严厉的父亲，动不动就被打得死去活来，所以他不敢像张岱那么任性，活得也没有张岱那么潇洒。

他们都有“补天”的宏愿。曹雪芹在《红楼梦》开篇借女娲补天的神话故事以自喻，表明自己“志在补天”的人生理想。张岱也曾说过自己“张子志在补天”，并有诗句“臣志欲补天，到手石自碎”。

他们又都对自己“无材补天”充满遗憾和自责。曹雪芹有词写贾宝玉：“富贵不知乐业，贫穷难耐凄凉。可怜辜负好韶光，于国于家无望。天下无能第一，古今不肖无双。寄言纨绔与膏粱：莫效此儿形状。”表面写宝玉，实际是作者自况，表达了他对自己无材补天、“于国于家无望”的自责。无独有偶，张岱也有一段自嘲的话，意思差不多：“学书不成，学剑不成，学节义不成，学文章不成，学仙学佛，学农学圃俱不成。任世人呼之为败子，为废物，为顽民，为钝秀才，为瞌睡汉，为死老魅也已矣。”表面上虽然故作洒脱，满不在乎，但文字背后，还是可以感受到张岱内心里的诸多不甘和遗憾。

他们都有着浓重的悲观虚无思想。因为“栽过大跟头”“享尽繁华，阅尽沧桑”，所以他们都不免有“人生如梦”的身世之叹。《红楼梦》以梦幻始，又以梦幻终，全书字里行间流露出“人生如梦”的悲观虚无思想。张岱五十岁的时候，写过一段话，也表达了类似的感叹：“鸡鸣枕上，夜气方回，因想余生平，繁华靡丽，过眼皆空，五十年来，总成一梦。”至今读到这段话，仍有一种透骨的悲凉和幻灭之感。

特别巧合的是，张岱又字“石公”，他晚年潜心写成的著作名为《石匮书》；而贾宝玉被空空道人称为“石兄”，《红楼梦》最初的书名叫《石头记》。何其相似乃尔！这难道仅仅是巧合吗？

所以若说高鹗续补了后四十回《红楼梦》，我是绝不相信的，因为他没有这个才情；但若说《红楼梦》系张岱所作，我倒是宁愿相信的，因为张岱不仅有这个才情，还有一个和曹雪芹一样丰富有趣的灵魂。

狗尾续貂还是张冠李戴？

《红楼梦》后四十回究竟是不是曹雪芹的原作，这是红学史上最大的公案。

据书商程伟元自述，他在寓居北京期间，多年坚持不懈，广泛收集曹雪芹《石头记》原著前八十回抄本，并陆续购得后四十回的残抄本，“自藏书家甚至故纸堆中无不留心，数年以来，仅积有廿余卷。一日偶于鼓担上得十余卷，遂重价购之”，然“漶漫不可收拾”，乃约上好友进士高鹗“细加厘剔，截长补短”，终于修订完成了一百二十回《红楼梦》，散佚残缺的《红楼梦》终成完璧。乾隆五十六年（1791 年），《红楼梦》全书由萃文书屋以活字版刊印，后称“程甲本”。翌年，又大量改动前八十回的文字情节，对后四十回也有颇多修改，仍由萃文书屋发行，后称“程乙本”。从此，《红楼梦》小说以刊本形式流行，影响日益广大。

胡适是“五四”新文化运动的旗手，也是新红学的代表人物，著有《〈红楼梦〉考证》一书。他坚决不相信程伟元的话，认为不可能有那么巧的事，程伟元能偶然从收破烂的鼓担中淘到十余卷《红楼梦》。他坚定认为《红楼梦》后四十回不是曹雪芹原作，而是高鹗“伪托”补写的。他的依据只是一句话：“《红楼梦》八十回以后，俱兰墅所补。”这句话是高鹗的一个同年写给他的一首诗中的一个注释。除此之外，他并没有更多的铁证。胡适博士一向以“大胆假设，小心求证”作为研究学问的原则，但在这件事情上，他仅凭一个孤证就下了“判词”，实在是太不小心了。而且即便是这个孤证，也是值得怀疑的。“补”是何意？究竟是续补之补，还是“截长补短”、补缀之补？这是值得“考证考证”的。

俞平伯是胡适的坚定拥趸。他不仅认同《红楼梦》系“自叙”说，也赞成胡适提出的《红楼梦》后四十回系高鹗续补的观点。他认为《红楼梦》后四十回与前八十回矛盾之处很多，且水平相差甚远，是“光荣的失败了”，并认为“高氏之失败，不在于才力不及，也不在于不细心谨慎，实在因两人性格嗜好的差异，而又要强合为一，致一百二十回成了两橛，正应古语所谓‘离之双美，合则两伤’”。不过，在他即将撒手人寰之际，却似有所悔，用颤抖的手写下了这样的遗言：“胡适、俞平伯是腰斩《红楼梦》的，有罪。程伟元、高鹗是保全《红楼梦》的，有功。大是大非！千秋功罪，难以辞达。”一辈子认为《红楼梦》后四十回是“续作”“恶作”的俞平伯，在即将离开人世的时候，却亲手推翻了自己的学术观点，自责“有罪”。再想到新中国成立后对俞平伯“新红学”的批判，其间是是非非，恩恩怨怨，真叫人感慨万千。

对《红楼梦》后四十回持否定意见的还有一位人物，她就是著名作家张爱玲。她有一句名言，说人生有三恨：一恨鲥鱼多刺，二恨海棠无香，三恨《红楼梦》未完。她认为《红楼梦》是一部未写完的作品，后四十回系他人伪作，并说："《红楼梦》未完成还不要紧，坏在狗尾续貂成了附骨之疽。"毫不掩饰她对《红楼梦》后四十回的批评和不满。张爱玲说她五岁时就开始读《红楼梦》，并能够分辨出后四十回的种种不好来。五岁时就有如此高的鉴赏能力，这只能说她是个文学天才了。

我们一般读者读《红楼梦》，是很难区分前八十回与后四十回的异同、优劣的。别说五岁，就是五十岁，恐怕也很难讲出个子丑寅卯来。很多人之所以认为《红楼梦》后四十回是伪作、写得不好，

往往是一种迷信权威、迷信“定论”、人云亦云的结果。在一般读者看来，哪里有什么前八十回、后四十回之分？一部《红楼梦》，就是一个前后连贯、一气呵成的有机整体，不管是主旨立意，还是情节进展、人物性格、语言特色、艺术气质，前后都是一脉相承、无有二致。读者喜欢的《红楼梦》，不是八十回的半成品，而是百二十回的全本。断臂的维纳斯可能有一种残缺美，但缺了三分之一内容的《红楼梦》，绝不可能成为一部伟大的作品。

事实上，从一般常识、常理看，后四十回是不可能系他人续作的。

其一，凡书都不能续。这句话是俞平伯说的：“我以为凡书都不能续，不但《红楼梦》不能续，凡续书的人都失败。”的确，从文学史上看，古今中外，从来没有一部优秀作品是“续”成的，文学史上没有这样的例证。文学强调个性，作者的思想、性格、语言习惯、文字风格，都会反映在作品之中，带有强烈的个性特征。所以续书是非常困难的。两百年来，续补《红楼梦》的书，为数甚多，诸如《后红楼梦》《红楼梦补》《红楼圆梦》《绮楼重梦》之类，但没有一部是成功的，这也印证了“凡续书的都失败”的结论。那么《红楼梦》后四十回是否是续作？胡适、张爱玲认为是，俞平伯早年认为是，到老了又反悔了。至于我们普通读者如何判断，那就要考验我们的文学能力了。

其二，续作者才情不够。《红楼梦》既是一部才情横溢的文学作品，又是一部包罗万象的“百科全书”。写作这样的书，既要作者有文学的才能，还要有高明的见识、广博的知识。作者自云创作此书“披阅十载，增删五次”，花了十年的时间才完成，可见创作之难！原作者写一本书就需要如此长的时间，倘若后四十回真的散佚了，需要续补，那续补者需要花费多少的功夫、需要拥有多大的才情啊？要知道，不是四回，是四十回，占了全书三分之一的篇幅。工作量之巨、工作难度之大，实在难以想象。若说像高鹗这样一个才智平平的举人，只花了三年不到的时间，就续成《红楼梦》后四十回，是绝难让人信服的。俞平伯说高鹗续书失败不是“才力不及”，只是性格嗜好不同，这岂不反证了后四十回并非续作？

其三，艺术水平难分伯仲。《红楼梦》后四十回有些章节是写得非常好的，像潇湘惊梦、颦儿迷性、黛玉焚稿、魂归离恨等，都写得惊心动魄，感人肺腑，不知赚了读者多少的眼泪！这一点，即便是最坚定的反对派，也是认可的。总体来看，后四十回的情节发展，基本上是按照前八十回的逻辑推进的；人物的性格命运，也都符合前八十回的设定；语言风格也和前八十回保持一致。据说有研究者将前后的文字通过计算机进行比对，结论是出自一人之手。所以就艺术而言，是难以判断前后的异同与高下的。正如清张新之在《〈红楼梦〉读法》所说："有谓此书止八十回，其余四十回乃出另手，吾不能知。但观其中结构，如常山蛇，首尾相应，安根伏线，有牵一发而浑身动摇之妙，且词句笔气，前后略无差别，则所谓增之四十回，从中后增入耶？抑参差夹杂入耶？觉其难有甚于作书百倍者。虽重以父兄命，万金赐，使闲人增半回，不能也。何以耳为目，随声附和者之多？"我们要相信自己的判断力，而不是人云亦云，"矮子看戏，随人说短长"。

批评者攻击、诟病后四十回最多的，就是"兰桂齐芳"、家道复初的问题。批评者认为这样写，根本背离了作者的创作设想，严重冲淡了小说的悲剧色彩，是最大的败笔。小说的结局应该是"白茫茫一片大地真干净"，黛玉死了，宝玉焉能活着？不应该再写什么读书中举的事，应该把宝玉也写死，这样才符合作者的原意。是否符合作者的原意，这里姑且不论，但我们可以讨论一下什么样的结局才更有悲剧的力量。

如果按照一些批评者设想的，《红楼梦》的结局是贾府倒了，众人散了，宝玉也死了，这固然是悲剧；但这只是物理上、空间上"白茫茫"，还不是真正的悲剧。心理上、情感上的"白茫茫"，才是真正的悲剧。人虽然活着，但万念俱灰，形如槁木，心如枯井，这才是人生最大的悲哀。"哀莫大于心死"，写出一个人的"心死"，比写一个人的"身死"更困难，对读者也更有冲击力。

在经历黛玉离世、亲人失散、家府被抄种种惨剧后，后四十回没有让宝玉“一死了之”，而是安排他和贾兰一起去参加科举考试，并且居然双双高中。但是，小说并没有到此完结，宝玉最终选择离家出走，当了和尚。这种结局更加震撼人心。宝玉能够中举，说明他以前“非不能也，实不愿也”。他并非一块一无是处、无才无能的顽石，只不过他天性散淡，不喜功名利禄，平常不愿意留意科举应试。在离家出走之前，他决定“改邪归正”，参加科举，了结父母长久的心愿，以“不负师友规训之恩”。参加科举应该是宝玉在人间的最后一段尘缘。了却这段尘缘之后，宝玉毅然决然出家当了和尚。这种决绝态度，比起因“繁华”堕入“困顿”而萌生出家之念，哪一种更强烈、更有冲击力、更有悲剧色彩呢？“悲剧就是把人生有价值的东西毁灭给人看”，《红楼梦》将宝玉出家安排在中举之后，正是深谙悲剧的真正内涵。洞房花烛、金榜题名，向来被人们视为人间至乐之事，但宝玉却视如敝屣、弃之不顾。人没死，心却死了，一切都没有意义，一切都了无生趣。这才是“白茫茫一片大地真干净”，是最大、最彻底的悲剧。

鲁迅评论后四十回有一段话：“（高鹗）其补《红楼梦》在乾隆辛亥时，未成进士，‘闲且惫矣’，故于雪芹萧条之感，偶或相通。然心志未灰，则所谓‘暮年之人，贫病交攻，渐渐的露出那下世光景来’者又绝异。是以续书虽亦悲凉，而贾氏终于‘兰桂齐芳’，家业复起，殊不类茫茫白地，真成干净者矣”。鲁迅向来以独立思考著称，但在《红楼梦》后四十回问题上，显然是上了胡适的当了。虽然他的评论远较一些批评者客观，但他承袭了胡适的续书说，且认为续书的悲剧价值没有“茫茫白地”强烈，还是有失公允的。

所以，对于后四十回的问题，我相信可能就如程伟元所说的那么简单。他先是处处留心，集攒有《红楼梦》二十余卷；后“偶于鼓担上得十余卷”，便重金买下。由于这后四十回不是一次购买的，必然存在诸多错讹、缺失之处，所以邀请好友高鹗“惟按其前后关照者，略加修辑，使其有应接而无矛盾”，“截短补长”补缀而成一百二十回全本《红楼梦》。也正因为后四十回是补缀完成，所以在个别地方会与前八十回有龃龉、矛盾、逊色之处，但瑕不掩瑜，不能因为这些个别的、局部的地方，就认定后四十回系高鹗伪作。雪芹若地下有知，见后人如此张冠李戴，指鹿为马，非要将他的著作权安在高鹗头上，并因此将对《红楼梦》有大功的高鹗、程伟元骂得狗血喷头、一无是处，他岂能瞑目于九泉乎？岂非哭笑不得乎？

伟大的出版家

红学史上，程伟元的功绩是严重被低估了的。

很难想象，如果没有程伟元，《红楼梦》这部伟大的作品会有怎样的命运。

它能留存下来吗？它能成为一部完整的小说吗？它能被广泛地为人阅读吗？很难说。

程伟元对《红楼梦》的贡献至少有两大点：一是他通过十余年坚持不懈的努力，收集到了《红楼梦》散落各处的全部抄稿，并邀请好友高鹗加以修补整理，终于使《红楼梦》成为一部前后连缀、有头有尾的完整的小说；二是他出资刊印《红楼梦》，结束了《红楼梦》以手抄本流传的时代，大大降低了《红楼梦》的制作成本，使其得以走入“寻常百姓家”，为《红楼梦》的推广普及起到了巨大作用。

仅此两点，程伟元可谓厥功至伟。但是，他的伟大功劳不仅常常被人忽视，甚至因为他和高鹗“补”了后四十回，而长时间遭人误解和谩骂。

作为一名书商，程伟元留下的个人资料也少得可怜。我们只知道他字小泉，江苏苏州人。约生于乾隆十年前后，卒于嘉庆二十三年前后。出生封建士大夫家庭，功名无考。他曾做过盛京将军晋昌的幕僚，佐理奏牍，时相唱和。工诗善画，有遗画三件，遗文三篇。嘉庆年间，他在盛京将军晋昌的支持下，在天佑门里创办了程记书坊，这是沈阳最早的书店。程记书坊为前店后厂，出版、印刷、批发、零售兼营。从程记书坊的经营情况看，程伟元应该是一个比较成功的商人，因为直到光绪末年，程记书坊刻印的子弟书还在广为销售，并发行东北三省及北京等地。

古代书商的地位是很低下的。中国自古就有重农轻商的传统，商人往往不受人待见，被视为唯利是图的“奸商”。书商虽和一般商人有所不同，从事的是图书的编辑、出版和销售，但是由于绝大多数书商主要的目标还是赚钱，所以并未赢得更多的尊重。明清时候，随着市民阶层的逐步形成，民间出版业即“坊刻”很是发达。江南的金陵、苏杭等大城市书坊众多，甚至有专门的图书铺子一条街，里面卖书的叫坐商，走门串巷的叫书客。刻印图书的工坊也鳞次栉比，大的书商往往和程记书坊一样，前面是销售门店，后面是刻印工坊。书商们刻印的图书涉及方方面面，诸如经史子集、医书农书、科举时文、通俗小说，无所不包。其中最为老百姓喜闻乐见的是各种通俗小说。书坊里卖得最好的，永远都是《三国演义》《水浒传》《西游记》之类的畅销书。清人金缨说：“卖古书不如卖时文，印时文不如印小说”，正是当时图书销售的真实情形。康有为亦有诗为证：“我游上海考书肆，群书何者销流多，经史不如八股盛，八股无如小说何。”

不过书商们大多数并没有什么社会责任感，赚钱是他们唯一的目的。读者喜欢什么就印什么，什么赚钱就印什么。他们既出经史子集这样“高大上”的书，但像《肉蒲团》《玉楼春》之类的淫秽小说他们也敢印。正版的书他们印，盗版书他们也印，反正那个时候人们没有什么版权意识，也没有打击盗版的机构。为了图书好卖，他们还想出了很多上不得台面的办法，比如把水浒和三国合在一块儿，取名《忠义传》出版，毫不在意它们是否相搭；比如冠以“新刻”“新镌”“新刊”，实际上换汤不换药，穿了个新马甲而已；再比如仿制名作，胡编乱造出各种图书，如仿制《西游记》的，就有《北游记》《南游记》《东游记》，东西南北全占齐了。这类粗制滥造的图书，在当时居然卖得很好，书商们也因而大渔其利。

也正因为如此，书商给人们的印象并不是很好。明清两代数百年，书商人数自是不少，但能够留下名姓、有点社会影响的寥寥无几。作为当代的一个出版从业者，笔者不能不为之感到遗憾。

程伟元是一个什么样的书商？由于资料太少，我们不敢妄测。他可能和其他的书商并没有两样，精明能干，唯利是图，估计也干过不少上不得台面的勾当。不过对于我们后世的读者而言，这些并不重要。重要的是我们知道，正是程伟元这个书商，以一己之力，花十年之久，搜集、整理并印制了《红楼梦》，为后世留下了一笔极其珍贵的文学遗产。他对《红楼梦》的贡献，怎么形容也是不过分的。

从出版史的角度看，程伟元堪称一位伟大的出版家。他在《红楼梦》出版过程中，展现出来的一个优秀出版人的才能和品质，是值得当代出版人敬佩和学习的。

一是他有敏锐的眼光。敏锐而高超的价值判断力，是一个出版人最优秀的品质。《红楼梦》刚面世的时候，是以抄本的形式在很小的范围传播。当时欣赏的人固然很多，批评它的也不乏其人，甚至被认为是乱人心性的“淫书”。官方也不认可，多次予以禁毁。对于这样一部存在着巨大争议的小说，程伟元却慧眼独具，敏锐地发现了它的价值，并为之付出了长期的努力。这是非常不容易的。唐代杨巨源《城东早春》说：“诗家清景在新春，绿柳才黄半未匀。若待上林花似锦，出门俱是看花人。”做出版的，不仅要善于发现好的作品，还要早发现，这样才能占得先机。

二是他有持之以恒的耐心。我们现在知道，由于《红楼梦》成书后三十年一直以手抄本的形式在民间流传，其散落、缺失、错讹情况肯定很严重，特别是后四十回，差一点就湮灭无存了；所以《红楼梦》的搜集、整理、印制是一项难度极大的巨大工程。完成这项工程，不仅需要敏锐的眼光，更需要坚持不懈的恒心。据程伟元自述，为《红楼梦》一书，他前后付出了十余年的努力。高鹗在《红楼梦》序言中对此有记述：“今年春，友人程子小泉过予，以其所购全书见示，且曰：‘此仆数年铢积寸累之苦心，将付剞劂，公同好。’”这是非常不容易的，也是非常难能可贵的。什么事能让一个人坚持不懈地做十年呢？这需要多大的决心和毅力啊！曹雪芹写《红楼梦》写了十年，程伟元为出《红楼梦》也付出了十年的辛苦。这前后两个十年相加，才有了后来流芳百世的《红楼梦》。

三是他有胆识。《红楼梦》成书后，民间对其褒贬不一，但多为批评、诋毁之言；官方则一直将其列为“淫书”予以查禁。所以搜集、出版该书是相当冒有风险的。清朝的文字狱是很严苛的，像“清风不识字，何故乱翻书”这样，因一言不慎惹得大祸的事不在少数。收藏、印刷、传播禁书都是重罪。像《红楼梦》这样一本大旨谈情、严重违背正统礼教的小说，在清朝那种“白色恐怖”的环境中，收集、整理，特别是公开印行，是需要大勇气、大胆识的。

四是他有文化担当。程伟元是一名书商，商人逐利，那么程伟元出版《红楼梦》是为了牟利吗？我以为，不排除这一目的，但我觉得不是主要目的。否则，为了一本前途未卜的书，他不可能坚持十年，时间成本太大；也不可能大费周章进行修补整理，人工成本也太高；更不可能公开印制发行，那是要冒下狱杀头的风险的，机会成本太高。合理的推测就是他喜爱甚至痴迷《红楼梦》一书，他认识到了《红楼梦》的伟大价值，所以下决心要把这部奇书出版公之于世，并愿意为之付出时间、辛苦、金钱，也愿意承担为此带来的风险和压力。程伟元是一名商人，但他不仅仅是一名商人，他的身上还有着“舍我其谁”的文化担当。

五是他有精益求精的精神。程伟元、高鹗整理完成《红楼梦》后，于 1791 年推出了《红楼梦》第一个版本，史称“程甲本”。但奇怪的是，第二年程伟元又对程甲本进行了很多改动，重新推出了《红楼梦》的第二个版本，史称“程乙本”。我们知道，古人印刷像《红楼梦》这样一部百万字的长篇小说是很不容易的，费时费工，耗费巨大。而且第一个版本一经推出，销路很好，大受欢迎。所以从商业的角度而言，程伟元在两年的时间内连续推出两个版本，是非常不合算的。唯一的解释就是，在程甲本推出后，程伟元发现了其中多有错讹疏漏之处，他出于精益求精的目的，不惜代价、不计成本进行了修订。

有眼光、有坚持、有胆识、有文化担当、有精益求精的职业精神，这样的出版人非常了不起。笔者在出版界混迹多年，深知当今出版人的诸多弊端。我们现在很多的所谓出版专家，与两百年前的程老板相比，实在是惭愧得很。且不说眼光、见识、胆魄，就是那文化担当，又有多少人真正把出版作为一种事业，愿意将发掘、传承、振兴优秀文化作为自己的终身使命和追求？现在的出版圈太浮躁、太急功近利了，每年出版图书几十万种，但真正有文化积累、传承价值的又有多少？

所以程伟元是伟大的。尽管没有史料记载，程伟元还出过什么有价值的书，但即便只出过《红楼梦》这一本书，他也足可名留青史。

人生难得是知音

人的一生，最为难得的是得遇知音。

昔日俞伯牙善于弹琴，钟子期善于欣赏。后钟子期因病亡故，俞伯牙悲痛万分，认为世上再无知音，便“破琴绝弦”，从此不再弹琴了。这就是流传千年的“高山流水遇知音”的故事。至今武汉汉阳有一地还名为“琴台”，相传是俞伯牙和钟子期相遇的地方。

刘勰在《文心雕龙》中感叹说：“知音其难哉！音实难知，知实难逢，逢其知音，千载其一乎！”是啊，大千世界，茫茫人海，谁是你的知音？很多人可能终其一生，都难遇到一个知己。“春风满面皆朋友，欲觅知音难上难。”朋友虽多，但都是泛泛之交。他可能很关心你，很迁就你，但却并不懂你，不了解你真实的思想和情感。即便是夫妻，朝夕相处，同床共枕，又有几对是真正的知音？又有几人能做到“心有灵犀一点通”？《红楼梦》写贾宝玉、薛宝钗虽结为夫妻，但“纵然是齐眉举案，到底意难平”。为什么“意难平”，不正是由于宝钗不是宝玉的知心之人吗？所以人一辈子，能够遇到一二知音，那真是天大的福分。

从这个意义上说，曹雪芹既是不幸的，又是幸运的。说他不幸，是说他生前落寞，潦倒终身；说他幸运，是因为他遇到一位真正的知音：脂砚斋。

“脂砚斋”这个名字很奇怪。“脂”，应指女子用的胭脂；“砚”，指磨墨用的砚台；“斋”字何意？许慎《说文解字》说：“斋，戒洁也。”“斋”应该是指清心洁净之地，可以指书斋，但人们往往会联想到僧斋、斋戒之类的意思。所以这三个字组合在一起，又是胭脂的香气，又是僧斋的清静，让人似解非解，浮想联翩。

脂砚斋是谁？各种说法都有。有人说是作者自己，有人说是曹雪芹的妻子，有人说是他的叔父，也有人说是他的一位好友。各持己见，莫衷一是。

其实脂砚斋是谁并不重要，重要的是他是曹雪芹真正的知音，他是最懂曹雪芹的人。

他懂曹雪芹之心。曹雪芹显然是一个悲观主义者，他的思想充满了“色即是空，空即是色”“人生如梦”的虚无感。这种思想普通的读者即可感知，脂砚斋自然体悟更深。他认为“人生如梦”就是全书的总纲。甲戌本第一回中僧道曾言：“那红尘中有却有些乐事，但不能永远依恃。况又有‘美中不足，好事多魔’八个字紧相连属；瞬息间则又乐极悲生、人非物换，究竟是到头一梦，万境归空。”脂砚斋侧批道：“四句乃一部之总纲。”在警幻仙子说到有“新填《红楼梦》仙曲十二支”时，他又批道：“点题。盖作者自云：‘所历不过红楼一梦耳。’”“总纲”者，统摄全书之思想也，纲举而目张。脂砚斋将“人生如梦”作为全书的总纲，说明他深刻体会到了曹雪芹浓重的悲观虚无思想。

但是，曹雪芹又不是一个彻底的出世主义者。满腹才华，却无处可以施展，一生碌碌，苦贫终老。这种人生境遇岂能让人心甘？所以曹雪芹的内心除了有着浓重的出世思想外，还充满了“无材补天”、不为世用的遗憾和痛苦。他在小说中常常于经意不经意之间流露出遗憾和痛苦。只不过这种遗憾和痛苦在小说中被掩盖得很深，一般人往往为作者的“假语村言”所惑，难以看出来。难怪曹雪芹会诘问：“满纸荒唐言，一把辛酸泪。都云作者痴，谁解其中味？”

一般人自是难解个中滋味，但脂砚斋是懂得作者的隐秘心思的。他在第一回“无材可去补苍天”有侧批，明确认为这七个字是“书之本旨”。在第一回“枉入红尘若许年”后批道：“惭愧之言，呜咽如闻。”在僧人说英莲“有命无运，累及爹娘”处，他生发了一大段感慨：“八个字屈死多少英雄？屈死多少忠臣孝子？屈死多少仁人志士？屈死多少词客骚人？”正因为他了解曹雪芹内心的痛苦和不甘，所以借这八个字，为曹雪芹的人生际遇鸣不平。“人生如梦”是全书“总纲”，“无材补天”是本书“主旨”，看似矛盾的评论中间，正说明了脂砚斋是真正懂得曹雪芹的知音。

他惜曹雪芹之才。人与人之所以能成为知音，最重要的是能相互欣赏。脂砚斋在批语中，从不吝啬对作者的赞誉之词。他的批语中，是处可见“妙”“妙极”“绝妙”“奇甚”“恰极”之类的赞语，频度之高，令人咋舌。足见他对作者的极度欣赏之意。同时，他往往能慧眼独具，点出作者的真实用意和小说的高明之处。比如小说中人物的名字，颇有讲究，往往隐含着一定的寓意：甄士隐指“将真事隐去”，贾雨村意为“假语村言”，“英莲”为“应怜”，“元、迎、探、惜”是“原应叹息”之意。除人物名字外，作者文中还常常使用谐音、拆字的手法来暗示情节的发展和人物的命运，如“千红一窟、万艳同杯”谐音“千红一哭、万艳同悲”，“霍起”是“祸起”，“娇杏”是“侥幸”，“凡鸟”则合成一个“凤”字，等等。这些机巧，若不是脂砚斋指点迷津，读者是很难读出来的。

脂砚斋对《红楼梦》的写作技巧也是了如指掌，如数家珍。如甲戌本第一回有一段眉批，概括《红楼梦》写作之“秘法”：“事则实事，然亦叙得有间架、有曲折、有顺逆、有映带、有隐有见、有正有闰，以至草蛇灰线、空谷传声、一击两鸣、明修栈道、暗度陈仓、云龙雾雨、两山对峙、烘云托月、背面敷粉、千皴万染诸奇。书中之秘法，亦不复少。”除此之外，脂砚斋在批语中提到的其他具体写作手法还有：伏脉千里、春秋字法、横云断岭法、云罩峰尖法、拆字法、三五聚散法、偷度金针法、不写之写法、未扬先抑法、倒卷帘等四十余种。这么多种写法，简直令人眼花缭乱，可见脂砚斋不仅深知作者之“心”，还深知作者之“才”，是作者真正的知“音”之人。

他悲曹雪芹之遇。一般作文学评论的，往往偏于理性和冷静，不会过于“感情用事”。古代有名的评论家，如评《水浒传》的金圣叹、评《三国演义》的毛宗岗、评《金瓶梅》的张竹坡，他们在书评中虽偶有愤激之语，但总体上还是站在一个相对超然的立场上，客观、理性地分析、解读作品。但脂砚斋不一样，他把自己完全“代”进作品之中，充满激情地开展文学评论。他不是一个旁观者，而是一个深度参与者。他悲曹雪芹之遇，他也为天下人、为自己而悲。他的评论因而带有强烈的感情色彩。我们可以看到，脂砚斋的评论中出现最多的词语是“哭”、是“泪”，如果说曹雪芹是“哭成此书”“字字看来皆是血”，那么他则是“哭成此评”“泪亦待尽”。

他为书而哭。“今阅至此，放声一哭”“我读至此，不觉放声大哭”“一句一滴血，一句一滴血之文”“忽接此焦大一段，真可惊心骇目，一字化一泪，一泪化一血珠”“此句令批书人哭死”“语语见道，字字伤心，读此一段，几不知此身为何物矣”。

他为作者而哭。“余为作者痴心一哭”“四字是作者痛哭”“这是作者真正一把眼泪”“此作者刺心笔也”“作者有多少眼泪，写此一句”“今读此文直欲拔剑劈纸，又不知作者多少眼泪洒出此回也”“不忍下阅看完，想作者此时泪下如豆矣”。

他为天下哭。“为天下父母痴心一哭”“过来人那得不哭”“过来人睹此，能不放声一哭”“为天下读书人一哭、寒素人一哭”“上古至今及后世有情者，同声一哭”“哭杀幼而丧父母者”“为天下慈母一哭”“未丧母者来细玩，既丧母者来痛哭”“为大千世界一哭”。

他也为自己而哭。“作者眼泪同我泪”“读五件事未完，余不禁失声大哭，三十年前作书人在何处耶”“故批至此竟放声大哭”“是语甚对余幼时所闻之语合符。哀哉！伤哉”“令我哭一回，叹一回，浑身都是呆气”“我不仅泪流一斗，湿地三尺”。

鲁迅说：“人生得一知己足矣，斯世当以同怀视之。”曹雪芹有脂砚斋这样一个懂他、尊他、怜他、痛他、哭他的知己，千载难逢其一，何其幸哉！脂砚斋曾有一段感人至极的批语：“能解者方有心酸之泪，哭成此书。壬午除夕，书未成，芹为泪尽而逝。余尝哭芹，泪亦待尽。每意觅青埂峰再问石兄，奈不遇癞头和尚何？怅怅！今而后，惟愿造化主再出一芹一脂，是书何幸！余二人亦大快遂心于九泉矣！”一个批书人，能够为所批之书哭至泪尽，甚至幻想与作者来生相遇，再续书缘，此种痴话，唯有真正的知音才会想得到、说得出。曹雪芹若能听闻此语，定会感动于九泉之下的。

剪不断，理还乱，是红学

《红楼梦》自诞生之日起，人们对它的讨论和研究就没有停止过，并因此产生了一门独特的学问，叫作红学。

中国有四大古典长篇小说，影响都很巨大，研究者也颇多，但除了《红楼梦》，其他的小说都没有形成一门专学。这既说明了《红楼梦》作为古典小说之“最”的伟大价值，同时也说明了《红楼梦》自身的复杂性。

红学一词，最早出现在光绪初年。据李放《八旗画录》注记载：“光绪初，京师士大夫尤喜读之，自相矜为红学云。”自此红学在中国学术界登场。关于红学，有个小段子。说民国初年，有个叫朱昌鼎的人，对研究《红楼梦》十分入迷。有人问他“治何经”，他对人家说，他所治的“经”，比起一般的经少“一横三曲”。原来繁体字的“经”字去掉“一横三曲”，就是个“红”字。

民国以前，清代学者多运用评点、索隐、题咏等传统方法研究《红楼梦》，被称为“旧红学”。五四运动前后，王国维、胡适、俞平伯等人引进西方现代学术理论研究《红楼梦》，被称为“新红学”。自此之后的一百多年，红学研究一直呈方兴未艾之势，热闹非常。研究评说《红楼梦》的文章和著作，可谓汗牛充栋，难以胜数。红学因此与甲骨学、敦煌学并称 20 世纪三大显学。

但热闹归热闹，是否有价值则是另一回事。百多年的红学研究，成果固然丰富，但这中间也多有滥竽充数，甚至胡说八道、信口雌黄的所谓“研究”。读者读《红楼梦》，适当参考一下红学研究的文章，比如脂砚斋的评论，当然是可以的；但不可迷信权威、专家，也不可迷信所谓的定论，不要轻易被所谓的专家、定论所误导。

索隐派曾经是一个影响很大的红学流派。索隐，即透过小说文字，探索作者隐匿在书中的真人真事。索隐派对后世影响较大的观点有“明珠家事说”（也称纳兰性德家事说）、“清世祖与董鄂妃故事说”（亦称福临与小宛情事说）、“排满说”等。索隐派采用的是猜谜式的研究方法，用历史上的人和事去附会《红楼梦》，捕风捉影，随意生发，得出的结论往往荒诞不经，甚至难以自圆其说。

考证派因为有留学博士胡适的发动，成为红学史上影响最大、实力最雄厚的红学派别。胡适之后，有俞平伯、李玄伯、周汝昌相继加入。考证派实际上是另一种形式的索隐。考证派的主要结论有三点：一是《红楼梦》的作者是曹雪芹，而曹雪芹是曹寅之孙；二是《红楼梦》是曹雪芹的“自传”；三是《红楼梦》后四十回是高鹗所补。这三点结论对红学研究影响深远，目前很多的文学教科书均采用这种说法。但是，在学术界，对这三点结论一直存在着很大的争议。《红楼梦》的作者是否是曹雪芹？《红楼梦》后四十回是否系高鹗续补？考证派依据的史料实际上非常少，有时甚至是孤证，仅凭一首诗、一句话就下了“判词”。胡适一向提倡“大胆假设，小心求证”，但在《红楼梦》的研究方面，他的假设很大胆，求证却不严谨，很多是靠主观推测、想象。特别是《红楼梦》后四十回，绝大多数读者并不认同为高鹗续补的结论。高鹗没有能力也没有可能续补后四十回，他只是在程伟元收集的残稿的基础上，进行了修订完善的工作。这应该是更合理的解释。至于考证派认为《红楼梦》是作者的“自传”，更是站不住脚。文学作品不是历史书籍，不是

生活原生态的呈现，它需要虚构、想象、提炼。一部伟大的作品，作者在创作中必然会打上“自我”的印记，自己的人生经历、思想情感可能都会作为原始素材写进小说中。但是，我们决不可因为小说中有作者的影子，就认为整部小说就是作者个人的自传，就以为作者真的是“其间悲欢离合，兴衰际遇，俱是按迹寻踪，不敢稍加穿凿，至失其真”。如果真相信了作者的“鬼话”，那也太容易受骗了。

除了上述的索隐派、考证派外，红学还有一大流派，就是评论派。评论派主张红学要围绕小说的文学性开展研究，要以文学的眼光和文学研究的方法，去挖掘《红楼梦》深邃的思想内涵和艺术魅力，而不能用“猜谜语”的方法把《红楼梦》变成清宫秘史或个人自传。清代的脂砚斋、王希廉、张新之等都可以算作评论派。民国以后，评论派的代表人物是王国维，他在《〈红楼梦〉评论》里，第一次运用德国哲学家叔本华的理论，不仅分析了《红楼梦》的主题思想，而且分析了它的美学价值、伦理价值等。王国维的研究方法对后来的红学研究影响巨大。这一派的代表人物还有吴宓、茅盾、王昆仑、何其芳、余英时、刘再复等。其实现当代的红学研究，绝大部分都可划入评论派的范畴。

红学研究的内容，本来是很清楚的。然而考证派的代表人物周汝昌，却提出了自己“独特”的看法，认为对《红楼梦》思想、艺术的研究，不能算到红学的范围里。只有对《红楼梦》的作者、版本、脂砚斋评以及“佚稿”的研究，才算是真正的红学。

红学研究的目的究竟是为了什么？什么样的研究才是真正的红学？恐怕多数人的意见与周汝昌正好相反。文学批评的主要目的，应该是通过对文学作品思想和艺术价值的分析，帮助提高读者的文学欣赏水平。是否有助于提高读者的鉴赏能力，应该作为文学批评的主要价值评判标准。红学研究当然有意义，但它只有站在文学的角度而不是非文学的角度进行研究才有意义。离开文学谈文学，一定会误入歧途、无功而返。索隐派是在谈文学吗？没有，它是在进行政治索隐和政治解读。考证派呢？它也没有，它反反复复考证作者的籍贯、年龄、身世等，只是为了证明一个先设的结论，即小说是作者的自传。这种考证与文学无关。红学发展到今天，应该回归到文学本体，就文学谈文学，就艺术谈艺术。只有这样，红学才有存在的意义。

回顾二百多年来的红学研究，我们不得不承认，脂砚斋是迄今为止最好的红学家，没有之一。无论是他对《红楼梦》思想内容的把握，还是对艺术特色、写作技巧的分析，都达到了后人难以企及的高度。脂砚斋是最具有文学批评精神和文学批评水准的评论家，是红学批评的标杆和榜样。

接受美学是一把钥匙

红学是热闹的，各种各样的观点不断涌现，各持己见，各执一词，谁都好像有一定的道理，但又都难以说服谁。出现这种情况，固然与小说本身的丰富性、复杂性有关，但也与红学研究的方法有关。我们可以发现，不管是索隐派、考证派还是文学批评派，都存在一个重大缺陷，就是严重忽视了读者在红学研究中的重要地位和意义。正是因为忽视了读者的作用，所以《红楼梦》的很多问题说不清、道不明，越扯越乱，越说越糊涂。所以，这里有必要引进接受美学的理论。

“接受美学”这一概念是由德国康斯坦茨大学文艺学教授尧斯在1967年提出的。接受美学的核心是重视读者的作用，强调文学批评要从读者出发，从读者的接受出发。接受美学认为，对于任何一个作品，即使印成书，读者没有阅读之前，也只是半完成品。唯有通过读者的阅读活动，它才能被赋予价值和意义。读者在此活动中是主动的，是推动文学创作的动力。文学的接受活动，不仅受作品的性质制约，也受读者制约。接受美学将文学接受活动分为社会接受和个人接受两种形态。读者作为生物的和社会的存在，无论在有意识或无意识中所接受的一切信息，都会影响到他对文学作品的接受活动。

关于接受理论，有不少研究者都做了相关的阐释。法国文学批评家圣伯夫说："最伟大的诗人并不是创作得最多的诗人，而是启发得最多的诗人。"费尔巴哈谈到音乐时说："当音调抓住了你的时候，是什么东西抓住了你呢？你在音调里听到了什么呢？难道听到的不是你自己的声音吗？"法国作家法朗士曾经说过这样一段话："书是什么？主要的只是一连串小的印成的记号而已，它是要读者自己添补形成色彩和情感，才好使那些记号相应地活跃起来。一本书是否呆板乏味，或是生机盎然，情感是否热如火，冷如冰，还要靠读者自己的体验。或者换句话说，书中的每一个字都是魔灵的手指，它只拨动我们脑纤维的琴弦和灵魂的音板，而激发出来的声音却与我们心灵相关。"这段关于作品文本和读者相互关系的讨论，形象而生动地表达了接受理论的主要思想。

是的，文本好比琴谱，只有通过读者的弹奏，它才能发出动听的音响。然而，每个读者弹奏出的音响又不会全然相同。读者的历史性决定了读者的历史性诠释，相同时代的读者又由于各自不同的个性、修养、经历、政治观点等的影响，对文本的理解必然带有各自的"偏见"。"一千个读者就有一千个哈姆雷特"，每个读者的心目中只可能存在他自己的"哈姆雷特"。

中国古代其实也有理论关注到了读者在文学活动中的作用。有的强调读者接受的绝对性和共同性，认为不同的主体对同一对象的感受、理解是相同的。比如，孟子说："口之于味也，有同耆焉；耳之于声也，有同听焉；目之于色也，有同美焉。"因此他主张"以意逆志"，读者通过自己阅读作品的感受去把握作者的本意。刘勰在《文心雕龙》也有类似的表述："夫缀文者情动而辞发，观文者披文以入情，沿波讨源，虽幽必显。"他认为通过对文学作品的分析，"沿波讨源"，就可以发现作者隐藏在文学作品中的思想情感。庄子则强调读者接受的相对性和个别性，认为同一对象在不同的主体看来，意义是完全不同的。《庄子·齐物论》说："毛嫱丽姬，人之所美也，鱼见之深入，鸟见之高飞，麋鹿见之决骤。四者孰知天下之正色哉？"庄子认为，作品没有绝对的意义，不存在"天下正色"，读者对作品的阅读、理解存在着差异性和多样性。他的这个看法和现代接受理论是很接近的。

从接受美学的角度来研究《红楼梦》，其方法论的意义是重大的：一、红学研究不能脱离《红楼梦》小说文本，小说文本是一切研究的根本、基础、前提，再好的琴师，没有好的曲谱，也弹奏不出优美的音乐，所以要重视小说文本的研究；二、红学研究不能忽视读者的作用，不能视读者如无物。小说文本在读者阅读之前，只是一堆文字的排列组合，只有通过读者的阅读，小说才能够活起来，才有烟火气，才有"主旨"和价值；三、读者是极富个性和审美偏好的，所以每个读者看到的《红楼梦》必然是千差万别的，除非有一个笼子把所有人的思想给禁住；四、读者又是具有社会性的，读者对作品的判断往往又受到官方、权威或者主流舆论的影响，读者既是生物性的个体，又是社会性的群体中的一员。

《红楼梦》是中国古代小说中最为特别的一部小说，也是最适合、最需要用接受美学进行解读的一部小说。小说以梦幻起，又以梦幻终，开篇便声明是“假语村言”，中间又穿插了许多真真假假的情节、点缀了许多具有谶语性质的诗词警语。整个《红楼梦》就像是一个巨大的游戏迷宫，里面充满了诱惑和迷雾，需要读者去探索、去破解、去寻找答案。所以阅读《红楼梦》不是一件轻松的事情。读者需要更专注、更投入、更智慧，全身心地参与进去，才可悟得个中三昧。可以说，正是由于读者的参与，才成就了《红楼梦》的丰富和伟大。

也正因为此，解读《红楼梦》，必须充分考虑读者的因素，必须从读者接受的角度来思考《红楼梦》的一些重大问题。比如，《红楼梦》的主旨究竟是什么？为什么围绕《红楼梦》的主题思想会产生那么多争论？鲁迅是第一个从读者接受的角度来讨论《红楼梦》主旨的研究者：“单是命意，就因读者的眼光而有种种：经学家看见《易》，道学家看见淫，才子看见缠绵，革命家看见排满，流言家看见宫闱秘事。”作者的“命意”是确定的，但因为读者的身份不同，所持的立场各异，他们看到的作者的“命意”却各不相同，大相径庭。再比如，读者对林黛玉、薛宝钗二人的态度，历来也是针锋相对，各不相让。有的褒黛贬钗，对薛宝钗不仅仅是贬抑，简直是痛恨；有的褒钗贬黛，把薛宝钗夸成了一朵花，而指责林黛玉尖酸、刻薄、小心眼，还体弱多病。林黛玉还是那个林妹妹，薛宝钗还是那个宝姐姐，但在不同的读者眼里，两个人的形象却是如此不同，这只能归结为读者的原因了。

所以说，接受美学是一把钥匙，它可以解开《红楼梦》的很多谜团。解读《红楼梦》，不仅要重视小说文本的作用，也要重视读者的作用，这才是《红楼梦》正确的打开方式。

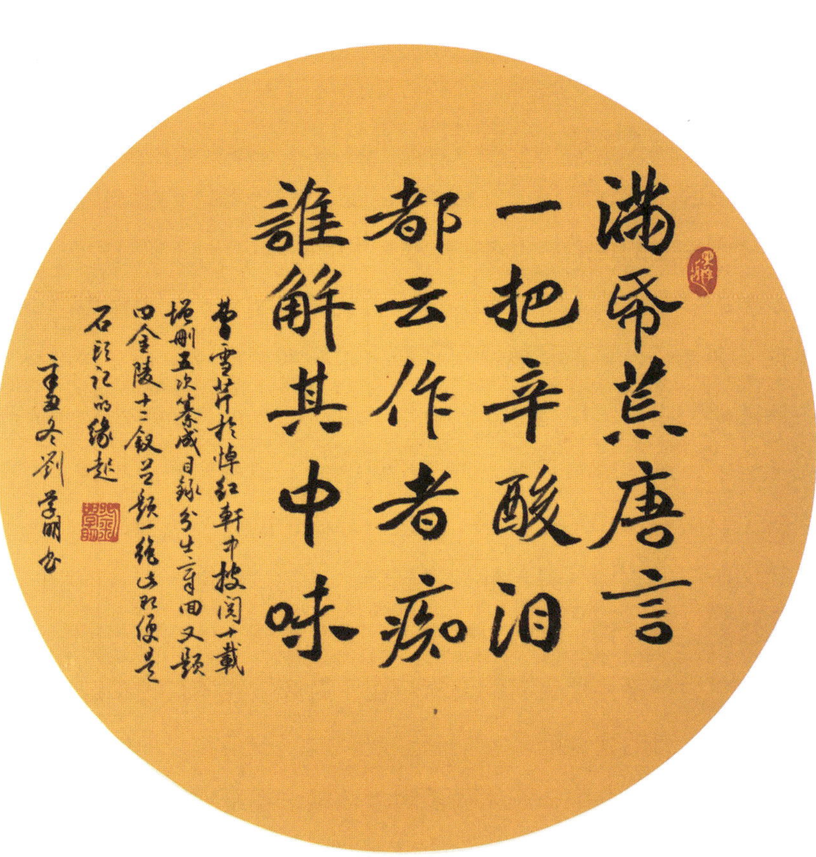
滿紙荒唐言
一把辛酸泪
都云作者痴
誰解其中味

曹雪芹想说什么

《红楼梦》的主旨是什么？或者说，作者想要表达的主题思想是什么？

这个问题也是红学研究中历来争议最多、分歧最大的一个问题。

有人认为《红楼梦》是一部政治小说，意在“揭清之失，悼明之亡”；有人认为《红楼梦》系作者的自传，是一部自然主义的传记小说；有人把它当作一部爱情小说，通过叙写贾宝玉、林黛玉的爱情故事，表达了对自由美好爱情的渴望；有人认为主要写家族兴亡，描写了以贾家为首的四大家族的衰败命运；还有人认为是写阶级斗争的，这种观点在新中国成立后一度非常盛行；有人则持“色空”说，认为整部小说就是通过贾宝玉“造劫历世”的经历表达“色即是空，空即是色”的虚无主题。

即便是最懂《红楼梦》的脂砚斋，在这个问题上也犯了迷糊，一会儿说“到头一梦，万境归空”八个字“乃一部之总纲”，一会儿又说“无材补天”是本书“主旨”。所谓“总纲”不就是“主旨”吗？可见脂砚斋的态度是游移不定的。

其实不只是《红楼梦》有这种情况。中国几部古典长篇小说的主题思想都存在着巨大的争议。像《水浒传》，有人认为是反映农民起义的；有人认为是反映市民生活的，“为市井细民写心”；有人认为是写忠臣和奸臣的斗争的，歌颂忠义思想。而《三国演义》，有“正统”说、“拥刘反曹”说、“忠义”说、“反映三国兴亡”说、“讴歌封建贤才”说、“乱世英雄颂歌”说，等等，不一而足。至于《西游记》，其主题思想之争就更加激烈，有的认为是关于道家修行的书，有的认为是弘扬佛法的书，有的认为是反抗皇权的书，有的干脆认为是一部游戏之书，根本就没有什么主题思想。鲁迅就说《西游记》“此书则实出于游戏”，胡适也赞同这一观点：“《西游记》不过是一部有趣味的滑稽小说、神话小说，它并没有什么微妙的意思，它最多不过有一点爱骂人的玩世主义。”

为什么会出现这种复杂情况？传统的文学理论是很难解释清楚的，但如果引入接受美学的理论，这个问题就迎刃而解了。

根据接受美学的理论，作者的主观命意是作者在创作的过程中，他主观希望表达的思想；而作品最终呈现出的思想，并不一定就是作者想要表达出的思想。读者在阅读的过程中，其实就是参与了作品的再创造，他对作品主旨思想的解读，必然带有强烈的个性化印记。这也就是为什么作者主观想表达的思想（主观命意），往往与作品实际呈现出来的思想（客观意蕴）不一致，甚至相背离的缘由。此类情形最容易发生在长篇小说这种具有一定长度、内容比较丰富的文体上。因此，讨论一部作品，必须将作者的主观命意与作品的客观意蕴分开讨论，不能混为一谈，否则立论不是捉襟见肘，就是自相矛盾，难圆其说。

那么，怎样才能准确把握一部作品的主观命意呢？在《红楼梦》中，曹雪芹到底想说什么？

第一，必须紧密联系作品来讨论。

《红楼梦》主题研究中有一个奇怪的现象，很多研究者往往脱离作品本身，而主要从作者的生平、思想、时代背景等出发来“索隐”作者的创作主旨。这是有很大问题的。作者的生平、思想、时代背景固然可以帮助读者了解作者的写作意图，但是它们不是最重要、最可靠的依据。这一个方面是因为史料的缺乏，像古代的那些小说家、戏曲家，社会地位低下，留存于世的资料往往都非常之少。要想从这些一星半点的史料中勾勒出作者的思想轮廓，探寻出作者真实的写作意图，自然是一件极其困难的事情。

另外一个方面，文学史告诉我们，作者的为人处世并不一定与作品表露出来的思想是一致的，有的时候甚至是完全相悖的。古人讲“知人论世”，意思是说要了解一部作品的意义，必须先要了解作者的身世、思想、时代背景等。这当然是有道理的，但不可以绝对化。在中国文学史上，“言非其义”“心声不一”的现象是非常多的。元好问曾就这一现象写过一首诗：“心画心声总失真，文章宁复见为人。高情千古闲居赋，争信安仁拜路尘。”诗中的“安仁”即潘岳，是一个热衷追逐名利、巧于阿谀奉承的人，但他写的《闲居赋》却显示出对于闲适和隐居生活的极度追求。人是有两面性的，文章是一回事，为人处世往往是另一回事。明代大奸臣严嵩，贪墨无度，陷害忠良，是一个十足的恶人、坏人。但他的诗文却文辞清新，情趣高远，常常自诩“晚节冰霜恒自保”。若仅仅看其诗文，是绝难看出竟出自一个权臣巨奸的手笔。钱锺书在《谈艺录》中对此概括说：“所言之物，可以伪饰；巨奸为忧国语，热中人作冰雪文，是也。”可谓一针见血。中国文学史上，还有个有趣的现象，大量的“闺怨诗”“宫怨词”，并非出自女性的笔下，而往往是男性模仿女子的口吻所写。既非亲身经历，又有性别之分，但却并不妨碍这些男人们把一首首“闺怨词”写得委婉动人、比女人还有女人味。如果我们讨论这些诗歌片面追求“知人论世”，那肯定会一头雾水，理不清头绪。

因此，我们讨论《红楼梦》作者的主观命意，要把重心放在对作品的具体深入的分析之上。作者是通过其作品说话的，而不是通过后世的研究说话的。知其文，方可知其人，方可知其思想、品格、性情，也才可能摸清作者创作的本意和主旨。

第二，要从作品的整体上来把握。

讨论作者的主观命意，我们不能只见树木，不见森林，不能因为一个局部的细节或偶然的一句话，来推断作者的真实用意；而必须从整体上、宏观上来把握倾向性的思想。如若“身在此山中”，只会“横看成岭侧成峰”，只有跳出山外，方可识得“庐山真面目”。这里说的“从整体全局着眼”，主要有三层意思：

一是要着眼作者创作故事的整体框架，即故事以什么开头，故事是如何结尾，故事主体的主要内容和发展趋向是怎样的。故事的整体框架是作者最初设计的创作“草图”，按图索骥，从中可以窥测到作者的创作意旨。

二是要着眼作者在作品中流露出的总的思想倾向。所谓思想倾向，是指小说所表达出来的一贯的、连续的，并不断被强化的某种思想。如果只是零星的、片段的情节和言语，就不能视为一种倾向性思想，也不能代表作者的创作主旨。比如，不能因为《红楼梦》写了贾宝玉“初试云雨情”，写了贾瑞命丧风月鉴，就将之视为一部淫秽小说；同样不能因为柳湘莲骂了一句贾府里只有一对石狮子是干净的，就认为《红楼梦》是写阶级斗争的。作为一部长篇小说，《红楼梦》呈现出来的思想必然是复杂的。我们不能被小说中一些个别的、表象的东西所迷惑，只有抽丝剥茧，把握住总体思想倾向，方可探寻出作者的创作意图。

三是要着眼小说中主要人物的性格和命运。小说中的主要人物，往往寄予着作者的理想和情感。他们有什么样的性格性情？他们有什么样的人生历程？他们的命运结局又是什么样？这些往往直接体现出了作者创作的主要思想和意图。《红楼梦》中，贾宝玉是主要人物，金陵十二钗也是主要人物，通过分析他们的性格和命运，是可以鲜明感受到作者写作脉搏的跳动的。

放大版的《枕中记》

将《红楼梦》与《枕中记》做一番比较，对于我们把握《红楼梦》的整体构架是富有启发意义的。

《枕中记》为唐人沈既济的作品，故事情节虽然简单，也谈不上什么艺术性，但其对后世的影响却很大，一再被续写和改编。《红楼梦》有一回写贾母与众人看戏，贾珍“神前拈了戏”，头一本是《白蛇记》，第二本是《满床笏》，第三本拈到的就是《南柯梦》。这《南柯梦》就是根据《枕中记》改编而成的一部戏曲。可见《枕中记》及其改编的小说、戏剧在当时的影响是非常大的。

《枕中记》讲的是唐开元年间，有个姓卢的青年怀才不遇，潦倒落魄。一次在一个客店遇到一个叫吕翁的道士，两人交谈起来，卢生满腹牢骚。吕翁便给了他一个瓷枕，卢生枕着这个瓷枕做了一场美梦。在梦中，他享尽荣华富贵，人间未能实现的愿望，一一得以满足。中间虽小有波折，但终是安富尊荣直至寿终正寝。梦境至死而结束，卢生从梦境惊醒过来，发觉店主人黄粱饭尚未煮熟，一切依然如故。卢生最后深有感悟，觉悟到人世间的荣华富贵，不过如一场大梦而已。黄粱一梦的说法正是源于这个故事。

《红楼梦》写了个什么故事呢？《红楼梦》洋洋洒洒百余万字，内容之丰富复杂自非三言两语可以概括，但若从整体“鸟瞰”小说，则可大致勾勒如下：无材补天的“石兄”，不甘大荒山无稽崖青埂峰的寂寞冷清，羡慕红尘中的富贵风流，便请求道行高深的一僧一道将自己携入人世去“受享受享”。在僧道的帮助下，这石兄幻化成一个名叫贾宝玉的公子哥，在那花柳繁华、温柔富贵的大观园，过了许多年钟鸣鼎食的富贵生活，遇到了许许多多的美丽女子，经历了许许多多的风流雅事。后来“大故迭起”“树倒猢狲散”，一切为宝玉所眷恋、追求的美好事物都逐渐风流云散，终是“落了片白茫茫大地真干净”！贾宝玉于是证悟到人生如梦，一切都是虚无的，没有意义的，终于“悬崖撒手”“悟而为僧”了。

显然，这两个故事的整体构架有着很大的相似性。我们可将情节进程图示如下：

《枕中记》：卢生（怀才不遇）→遇吕翁→入梦（享受人间荣华富贵）→醒悟。

《红楼梦》：“石兄”（怀才不遇）→遇一僧一道→幻形入世（经历许多离合悲欢）→醒悟。

这两个故事的主人公都“怀才不遇”，卢生因“今已适壮，犹勤畎亩”而满腹牢骚，“石兄”因无材补天而“日夜悲啼”；后来他们都遇到得道高人，这得道高人用某种方式让他们在尘世中走了一遭，满足了他们的种种愿望，最后又以某种方式让他们得到启悟。它们的不同只是一是由现实而入梦幻，一是由神话而入现实；一是以梦幻来写人生，一是以人生来写梦幻。但这两者实际是一而二、二而一的问题。在觉悟者看来，人生不就是一场梦幻？而世人所谓的梦幻，不正是人生的折光？这正如庄周梦蝶一样，庄周与蝴蝶、神话与现实、人生与梦幻都浑然无别，合为一体，人生就是梦幻，梦幻就是人生。由此可见，虽然《红楼梦》与《枕中记》在长度上不可同日而语，但它们的确在总体结构上存在着极大的相似性。《红楼梦》是否借鉴了《枕中记》的某些写法？我们不得而知。但说它受到了《枕中记》的影响，当不是妄测之词。

通过比较两者整体故事构架的相似性，我们进而可以发现这两部小说的创作主旨也是很相似的，就是通过叙述一个人的觉悟过程，表达出一种人生如梦的悲观虚无思想。卢生证悟到“宠辱之道，穷达之运，得丧之理，死生之情”，贾宝玉则“因空见色，由色生情，传情入色，自色悟空”。从创作主旨而言，这两部小说都可以归入中国古代的“启悟小说”。启悟主题在中国文学史里极为发达，以“黄粱梦”为题材的作品为例，最早有南朝宋刘义庆《幽明录》的杨林玉枕故事，后据之衍生的作品除《枕中记》外，小说有《南柯太守记》《黄粱梦》《秦梦记》《樱桃青衣》，戏剧有元人马致远的《邯郸道省悟黄粱梦》、明人汤显祖的《邯郸记》等。这类作品敷衍的都是同一类型的故事，有着相同的故事构架，表达了相似的创作主旨，即告诉人们不要执迷于人世间的荣华富贵，那些不过是黄粱一梦。

关于《红楼梦》与《枕中记》的相似之处，前人也多有比较。比如，（清）二知道人说：“《邯郸梦》《红楼梦》同是一片婆心，玉茗先生为飞黄腾达者写照，雪芹先生为公子风流者写照，其语虽殊，然其归一也。”嫏嬛山樵也说：“《红楼梦》一书，原有《邯郸》遗意，补之者要不失《邯郸》本旨，庶不失本来面目。”他们两人都认为两部小说虽然写的内容不一样，“其语虽殊”，但创作主旨（本来面目）是一致的，“其旨归一”。张天翼在《贾宝玉的出家》一文里，先分析指出曹雪芹在小说的开头和结尾都涂上了“梦”“幻”“色空”的宿命色彩，然后说道：“装上这样的一头一尾，倒的确是一个巧妙的方法……我们是被作者领到了一个更高的处所，是从尘世以外出发，而归结于尘世以外的。立脚点不同，看上去也就可以两样。这也像读《枕中记》一样，我们是站在醒位去看人家的梦，知道他所历的一切皆非真实。”他是从写作技巧上来分析两者的相似之处。台湾的吕正惠干脆认为《枕中记》是放大版的《红楼梦》：“也可以说甄士隐、贾雨村的安排使得《红楼梦》的结构极像唐人传奇《枕中记》，并且是一个庞大而又加了点变奏的《枕中记》。”

当然，《红楼梦》之所以伟大，绝不仅仅体现在它与《枕中记》有着相似的总体构架和创作主旨——古典启悟小说大抵都是如此——更体现在它对《枕中记》的超越上。不管是在思想内涵还是艺术特色各个方面，《红楼梦》都远远超出《枕中记》，它不仅是放大版的《枕中记》，更是艺术化的《枕中记》。

甄士隐与“得胜头回”

甄士隐在《红楼梦》中的地位相当特别。

《红楼梦》在一段神话“因缘”的描写之后，开卷接触的第一个现实的人物，不是宝玉，也不是黛玉、宝钗、熙凤，而是一个游离于小说情节之外，与贾府之兴衰、人物之聚散毫无干系的甄士隐。虽则他有一个“平生遭际实堪伤”的女儿英莲，与小说的故事进程有些关系，但是在小说主体具体展开之后，已易名为香菱的英莲实际上和甄士隐已经“脱离”了父女关系，读者不再关注他们父女间的聚散离合，而只是关注香菱这个薄命女子的悲欢哀乐。而且，香菱在大观园诸钗中的地位并不很重要，而仅仅列入“副册”之属。这就使我们想到，曹雪芹安排甄士隐这个人物出场，究竟意图何在？

我们且先读一读甄士隐的故事吧。

姑苏城有个葫芦庙，庙旁住着一家乡宦，这乡宦即是甄士隐。

这甄士隐“嫡妻封氏，情性贤淑，深明礼义”，“家中虽不甚富贵，然本地便也推他为望族了”。但他“禀性恬淡，不以功名为念，每日只以观花修竹、酌酒吟诗为乐，倒是神仙一流人品。”但后来唯一的爱女英莲失踪，家也无意中被大火烧光，田庄上又“水旱不收，贼盗蜂起”，只好将田庄折卖，投靠他岳丈家。谁知岳丈见他“狼狈而来”，不免白眼待之。甄士隐遭此家庭剧变，又尝尽人情冷暖，再加上天性恬淡，于是对人世有所了悟，有一天竟跟一个道人“飘飘而去”，不知去向了。

这个故事置于小说第一回，并在第一回中完全结束，几乎不与以后的情节发生粘连。它的意义和功能是什么呢？是否仅仅为了引出贾雨村，进而引出“冷子兴演说荣国府”及黛玉进京，从而进入小说主体呢？这肯定是它的功能之一，但不能涵盖它的所有作用。如果曹雪芹以这种方法进入正文，确显得浪费笔墨。笔者以为，它还具有对小说本体的整体结构的象征功能及创作意旨的提示功能。

中国古代小说发展至宋，话本兴起，“实在是小说史上的一大变迁”。话本小说不仅在语体上从文言走向白话，描写对象、审美情趣从贵族化转向平民化，从而使得以文言小说为主体的中国小说史，转为以白话小说为主体的历史阶段——这且不论，我们要特别注意的是，话本小说在结构上也形成了自己独特的特点。话本原是说话人的底本。“说话”就是讲故事，犹如后来的“说书”。两宋时代，“说话”十分发达。孟元老的《东京梦华录》、耐得翁的《都城纪胜》、吴自牧的《梦粱录》、周密的《武林旧事》等，都有很多记载。由于“说话”是在瓦肆勾栏直接面对着观众进行，就必须适应观众的需求，以吸引观众、娱乐观众作为目的。所以说话人采用的底本即话本，形成了一种有别于一般白话小说的特点：一般在小说的主体——“正话”之前，插入一段与正话相类或相反的小故事，称“头回”，或“笑耍头回”“得胜头回”（也有的没有“头回”，但都有大篇诗词开头）。这种特点的形成，一是由于等待观众的需要，二是中国人看什么都喜欢一目了然，红脸就是忠义之士，白脸就是奸邪宵小，花脸则是小丑莽汉。适应这种民族心理与欣赏习惯，说书人在长篇故事开始之前，便讲述一个与正文相反或相似的短小故事，告诉观众他要讲的主要是种什么类型的故事，故事的结局如何。特别是，说书人还直接表明自己的说书意旨及褒贬爱憎，这种情感化的叙述往往对听众的价值判断起着相当大的影响和制约。

比如《金玉奴棒打薄情郎》，讲的是一个夫贵弃妻的故事。金玉奴是丐户团头金老头的女儿，生得十分美貌，嫁与穷书生莫稽为妻后，竭尽资财帮助丈夫求学读书。在金玉奴的帮助下，莫稽后来“连科及第”，擢拔为朝廷命官。这时他却忘恩负义，嫌厌金玉奴出身不好，找了一个机会将她推入江中淹死。金玉奴幸为许公所救，许公恰好是莫稽的顶头上司。许公设下计策，让金玉奴扮作他的女儿与莫稽成亲。洞房花烛夜，金玉奴棒打薄情郎。但在这个故事之前，却讲了一个“夫贱妻弃”的故事。说的是西汉重臣朱买臣，贫贱时靠卖柴为生，其妻甚是轻视，竟离异而去。后来买臣做了会稽太守，遇见旧妻，羞辱了一番。其妻自觉无颜，遂投河而死。这两个故事，情节和人物互不交叉牵连，篇幅也一长一短，一详一略，但它们在故事的整体构架与劝惩主题（贫贱之交不可忘）上是一致的。再如《十五贯戏言成巧祸》开头云：“这回书，单说一个官人，只因酒后一时戏笑之言，遂至杀身破家，陷了几条性命。且先引下一个故事来，权做了得胜头回。”这“得胜头回”所讲的故事情节与小说正文大同小异，不同的只是一是因戏言而闹出人命官司，一是因戏言而丢了“锦绣前程”。像这样的头回在许多话本中都有，如“这是个父母不肯许的，又有一个父母许了又悔的，也弄得死了活转来。”“前边说的人命，是将真作假了，如今再说一个将假作真的”等。“头回”的功能，就话本本体而言，既有引出故事正文的功能；又与后面的小说主体在思想、人物、大致的情节等方面基本对应，因而又具有概括、提示、强调的功能。

了解了话本小说的结构，再结合对《红楼梦》正文的分析，我们不难发现，甄士隐故事的安排是很类似于话本小说的“得胜头回”的。它不仅有引起话头的作用，更重要的是，它勾画了故事主体的大致框架，概括了主人公的命运轨迹，同时也表征着作者创作小说的主观命意。甄士隐仿佛是贾宝玉的影子，他的一生仿佛是贾宝玉一生的浓缩。他们都曾有过一段美好的生活，都不慕功名富贵，于觉悟人生方面都颇有慧根，都遭受了家庭剧变，最终都飘然出家，他们的文化意义都指向人的觉悟，即“好了歌”及“好了歌注”，也就是指向“色即是空”的悲观虚无思想。这也正是作者试图通过小说表现的主观命意。

正如我们不能强求话本的“得胜头回”的情节、人物与思想要与正文完全一致一样，我们也不能强求甄士隐在情感之丰富、经历之曲折、体验之深刻、性格之丰满等方面与贾宝玉完全雷同。甄士隐只是贾宝玉的影子，而不是贾宝玉本人。但他毕竟是贾宝玉的影子，这影子表征着作者的创作意旨，提示概括了小说主人公的命运，使读者开卷便进入了一种虚虚实实、充满着悲观虚无色彩的小说氛

围之中。甄士隐故事的主要意义功能正在于此。

一个好人的无常命运

关于甄士隐，还有一个疑问，就是作者为什么要把这样一个好人的命运写得如此悲惨？作者的用意是什么？

甄士隐是一个品行非常好的乡宦，秉性恬淡，不慕功名，最难得的，是他乐善好施、古道热肠，有古君子之风。贾雨村只是一个穷酸秀才，暂住在他家旁边的庙里，与他做了邻居。甄士隐却从不轻慢嫌弃，逢年过节常常邀请贾雨村到他家“改善生活”。贾雨村提及赴京赶考没有路费，他毫不犹豫，“义利二字，却还识得”，立即赠送五十两白银并两套冬衣。不仅如此，他还准备为贾雨村写两封荐书给京城仕宦人家，只是贾雨村不辞而别，才“只得罢了”。

就是这样一个好人，他的命运却异常悲惨，先是爱女失踪，继而房屋被烧，田庄遭盗，寄住丈人家贫病交加、受尽白眼，最后只能跟着疯道人飘飘而去。不说“好人有好报”，甄士隐身上却是好人命舛、多灾多难。相对比，他帮助过的贾雨村，是个典型的见利忘义、忘恩负义的小人。贾雨村在授了应天府尹后，遇到的第一个案子便是金陵一霸薛蟠强抢民女、打死无辜青年的事。而这个被抢的民女正是当初资助他进京赶考的甄士隐丢失的女儿英莲。贾雨村为了头顶的乌纱帽，却不念旧恩，徇情枉法，“葫芦僧判断葫芦案”，眼睁睁地把可怜的英莲再次推入火坑。就是这样一个忘恩负义之徒，他的命运却比甄士隐好得多，考进士、娶娇妻、授高官，中间虽小有挫跌，但无有大碍，一生算得上春风得意，时运亨通。一君子，一小人，命运却是如此反转，怎能让人不感叹唏嘘？！

甄家丫鬟娇杏的命运也值得玩味。

娇杏本是甄家的一个丫鬟，有一次贾雨村来甄家做客，偶然被她看到。她见贾雨村虽穿的破旧，却面阔口方，剑眉星眼，相貌堂堂，很是不俗，所以多看了两眼。正是这多看的两眼，却大大改变了她的命运。贾雨村当时正处于落魄之际，见这女子频频回头看他，便激动不已，认定这女子巨眼英豪，能看出他非久困之人，是他风尘中的知己。所以自此之后，他对这女子念念不忘。等到他考官授了应天府，第一件事就是找到娇杏娶作了二房。这娇杏运气好，只一年便生了一子；又过了半年，贾雨村的嫡配忽然染病去世，娇杏又顺理成章被扶为正室夫人。你说运气好不好？娇杏也实在“侥幸”。所以作者禁不住感叹：“偶因一回顾，便为人上人。”

甄士隐也好，贾雨村、娇杏也好，他们与小说主体内容并没有多大关联，但作者为什么一开篇便写这三个“小人物”？我以为，作者意在通过叙写这三个小人物的不同命运，揭示“人生无常”的道理，进而折射出了作者“色即是空、空即是色”、人生虚无的创作主旨。

《红楼梦》十二支曲有“恨无常”一曲，曲云：“喜荣华正好，恨无常又到。眼睁睁，把万事全抛。”“好了歌注”最集中、最深刻地体现了作者这种命运无常的观念：

> 陋室空堂，当年笏满床。衰草枯杨，曾为歌舞场。蛛丝儿结满雕梁，绿纱今又糊在蓬窗上。说甚么脂正浓、粉正香，如何两鬓又成霜？昨日黄土陇头埋白骨，今宵红绡帐底卧鸳鸯。金满箱，银满箱，转眼乞丐人皆谤。正叹他人命不长，那知自己归来丧！训有方，保不定日后作强梁。择膏粱，谁承望流落在烟花巷！因嫌纱帽小，致使锁枷扛。昨怜破袄寒，今嫌紫蟒长。乱烘烘，你方唱罢我登场，反认他乡是故乡！甚荒唐，到头来都是为他人作嫁衣裳。

看了这些文字，怎不叫人顿生人生无常之感？旧时的王谢华厦，变成了陋室空堂，结满蛛丝；曾经的歌舞胜场，如今长满了衰草枯杨；昨日刚埋了死去的夫君，今夜又嫁做了别人的新娘；前一会儿还是大富大贵，转眼间却成了人人嘲笑、鹑衣百结的乞丐。福兮祸兮，祸兮福兮，人生际遇，谁能预料？这些不是造化无常是什么？甄士隐在经历了人生的大悲大痛之后，证悟了“好了歌”并为之做了注解，其实他何尝不是用他一生的际遇为这注解做了注解？再一想，《红楼梦》中的众色人等，自甄士隐、贾雨村、娇杏开始，一个个演出了一曲曲人生悲喜剧，他们又何尝不是在用各自荒唐、无常的命运为“好了歌”做注解？

从前读《红楼梦》，不明白作者为什么将“好了歌”及其注放在第一回。小说还未开篇，人生尚未开始，哪来那么多那么深的人生感悟？写得固然好，但总觉得突兀、生硬。但历经世事沧桑，回头再看《红楼梦》，若有所悟，似乎将之放在开篇甄士隐一节，又是非常的自然和妥帖。作者借甄士隐引出全书，借甄士隐的命运暗示人生无常，借甄士隐之口道出“好了歌”注解，正是开宗明义表达了自己的“人生无常”“人生如梦”的创作主旨。

作者的“夫子自道”

准确把握作者的主观命意，我们固然不能单纯根据作者小说以外的宣言，同时也不能仅仅根据作者在小说中的自白。因为这种“自白”往往是作者欲盖弥彰或欲彰弥盖的狡狯之笔。特别对于《红楼梦》来说，我们更不能盲信盲从，因为作者明言其“将真事隐去”，是“假语村言”，是“假作真时真亦假，无为有处有还无”，是“满纸荒唐言”。但是，如果作者的自白在小说中不断被强化成一种总的思想倾向，这种思想倾向，在小说总的情节发展方向及主要人物的命运方面反复得到印证和体现，那么作者的自白就是我们把握作者主观命意的重要参考了。

《红楼梦》开卷第一回，作者自云，此回中凡用‘梦’用‘幻’等字，是提醒阅者眼目，亦是此书立意本旨。所谓“梦”“幻”，即是指“人生如梦”“人生如梦幻泡影”之意。这种立意，作者不仅仅是“通过情节自然而然地流露出来”（恩格斯语），而且常常借小说人物之口或直接“现身说法”，反反复复予以强调：

“那红尘中有却有些乐事，但不能永远依恃。况又有‘美中不足，好事多魔’八个字紧相连属；瞬息间则又乐极悲生。人非物换，究竟是到头一梦，万境归空”；

“从此空空道人因空见色，由色生情，传情入色，自色悟空”；

“可知世上万般，好便是了，了便是好；若不了，便不好；若要好，须是了”。

第五回中，作者更以空灵抒情的笔触，在十二钗判词和《〈红楼梦〉曲》里，集中而强烈地展现了这种充满悲剧感和虚无色彩的立意主旨：

“三春争及初春景，虎兔相逢大梦归。”

“自古穷通皆有定，离合岂无缘？”

“终久是云散高唐，水涸湘江。这是尘寰中消长数应当，何必枉悲伤？”

“将那三春看破，桃红柳绿待如何？把这韶华打灭，觅那清淡天和……似这般，生关死劫谁能躲？闻说道，西方宝树唤婆娑，上结着长生果。”

“忽喇喇似大厦倾，昏惨惨似灯将尽。呀！一场欢喜忽悲辛。叹人世，终难定！”

“好一似食尽鸟投林，落了片白茫茫大地真干净。”

作者在这些诗曲里，运用诗谶的形式，不仅暗示了红楼诸钗“千红一哭、万艳同悲”的悲剧命运，而且反反复复告诉我们：人生是难以料定的，一切穷达、兴衰、聚散、离合都有天命注定，“非人力可为”，人生因而显得毫无意义，浮生的辛苦奔忙不过如“乱烘烘，你方唱罢我登场”的一场闹剧而已。最终一切都将不复存在，只有那“片白茫茫大地”，只有“空”，只有“无”。

很难说这些“表白”只是一种写作手法的运用，只是为了更好地描写现实人生或为了躲避“文字狱”什么的而玩弄的狡黠之笔；当作者不吝篇幅、反复强化开章明义表明的“梦幻”主旨时，我们是不能怀疑作者的真诚的。

第五回之后，作者的创作意旨则主要为贾宝玉所体现与强化。贾宝玉无疑是《红楼梦》中最为重要的角色。他仿佛一根红线，将小说中的众多人物和事件都串结起来，织成了《红楼梦》这幅精美而繁复的图案。近人对此多有论述。张锦池认为，《红楼梦》的主线是“贾宝玉叛逆道路说”；丁淦认为，“贾宝玉的故事发展的全过程，构成《红楼梦》全书情节发展的第三条——也是最中心的一条大线索”；刘敬圻也说，从某种意义上说，《红楼梦》无异于一部“怡红公子传”，并进而认为：“就一般情况而论，在这一类大作品中，男主人公的人生道路和个人命运问题，往往构成那条潜在的、深层次的、与作品的主题有着更密切关联的‘暗线’。《红楼梦》似乎也正是这样。”

以上学者的观点也许并不能完全让人首肯，但他们都抓住了贾宝玉作为小说的中心人物，这是很正确的。可以说，没有贾宝玉，就没有《红楼梦》，贾宝玉是整部小说的“关键先生”。正因为如此，贾宝玉的人生道路和个人命运，密切关联着作品的主题——更准确地说，表征着作者的创作命意。在像《红楼梦》这样自传色彩很浓的长篇小说中，主人公往往作为一种“代言体”的形式，表达着作者的人生观、价值观及创作小说的动机、意旨。

贾宝玉第一次觉悟人生是在二十二回“听曲文宝玉悟禅机”。那次宝钗过生日，众姐妹一处看戏。湘云打趣说黛玉长得像戏子，黛玉恼了。宝玉一片好心，本想从中调和，结果落得两处贬谤。他想起前日所看《南华经》有语云，“巧者劳而智者忧，无能者无所求，饱食而遨游，泛若不系之舟”；“山木自寇，源泉自盗”；又记起刚才所听戏文里《寄生草》曲唱道，“没缘法，转眼分离乍。赤条条来去无牵挂”，心中甚觉无趣。当袭人劝说他：“他们既随和，你也随和，岂不大家彼此有趣。”宝玉道：“什么是‘大家彼此’？他们有‘大家彼此’，我是‘赤条条来去无牵挂’”，并提笔立占一偈云：

你证我证，心证意证。是无有证，斯可云证。无可云证，是立足境。

恐人不解，又于偈后填写了一支《寄生草》曲：

无我原非你，从他不解伊。肆行无碍凭来去。茫茫着甚悲愁喜，纷纷说甚亲疏密。从前碌碌却因何？到如今，回头试想真无趣！

小说中的贾宝玉是个很奇怪的人物。他本生于百年望族之家，日日钟鸣鼎食、穿锦着绣，上有贾母呵护，下有侍女照顾，身旁还有许许多多美丽纯洁、富有才情的女子，与他或猜谜斗草、或吟诗结社。除了有个稍微严厉点的父亲有时给他一点难堪外，他的生活可谓逍遥、快乐。但就是这个生活在温柔乡里的“富贵闲人”，却偏多“出世之想”。上引事即是一例。儿女口角，本是常事，宝玉却借题发挥、谈道参禅，其悟道之自觉与深刻断非一个从小锦衣玉食的十二三岁的小孩所能有（按：第二十三回四时即事诗“是荣国府十二三岁的公子作的”，又：第二十四回贾芸找贾琏遇到宝玉，宝玉笑道：“你倒比先越发出挑了，倒像我的儿子。”贾琏笑道：“好不害臊！人家比你大四五岁呢，就替你做儿子了？”宝玉笑道：“你今年十几岁了？”贾芸道：“十八岁了。”）因此，贾宝玉的出世之想，与其说是为污浊黑暗的现实所激发，倒不如说根源于他先天具有的、与生俱来的一种宿慧，或者说，源于一段前生的公案。在书中的其他地方，贾宝玉都流露出对人生的悲观与觉悟的思想：

“从今以后，我可不在你家了！快打发我走罢。”

“你死了，我做和尚去。”

“比如我此时若果有造化，趁着你们都在眼前，我就死了，再能够你们哭我的眼泪流成河，把我的尸首漂起来，送到那鸦雀不到的幽僻之处，随风化了，自此再不托生为人了，这就是我死的得时了。”

在这些看似疯呆、实则大有所指的话语中，我们不是很明显可以看出贾宝玉前生那段因缘的影子吗？在这些颇显生硬、做作的“参禅悟道”里，我们不是很明显可以看出作者为了表现对人生的沉思与觉悟而“创造”贾宝玉的种种努力吗？“悲凉之雾，遍被华林，然呼吸而领会之者，独宝玉而已”——宝玉如此敏感、自觉、早熟地“呼吸领会”“悲凉之雾”，这事实不是颇耐人寻味吗？

假作真时真亦假

《红楼梦》写的事是真是假？一直是困惑读者的大问题。

作者一开篇就“自云”：“曾历过一番梦幻之后，故将真事隐去，而借‘通灵’说此《石头记》一书也，故曰‘甄士隐’（真事隐）云云。”似乎作者所叙之事为假。

接下来马上笔锋一转：“然闺阁中历历有人，万不可因我之不肖，自护己短，一并使其泯灭也。”所叙之事历历有人，似乎又为真。

作者接着说起小说的缘起，说是大荒山下一块顽石，因无材补天，幻形入世，被一僧一道携入红尘，引登彼岸。小说记录的就是这顽石红尘历劫的故事。这一听就是在胡说八道。缘起既然荒唐，后来记叙的事想必也真不到哪里去。

但作者马上又接着说道：书中女子俱为我“半世亲见亲闻”“其间离合悲欢，兴衰际遇，俱是按迹循踪，不敢稍加穿凿，至失其真”“因见上面大旨不过谈情，亦只是实录其事”。这里作者又反反复复、信誓旦旦说自己写的是真人真事。

一开篇读者就被搅糊涂了，作者究竟想说什么？究竟该相信作者的哪句话？作者于第一回就写葫芦庙，真不知他葫芦里究竟卖的是什么药。

除了作者的自述难辨真假，小说中的许多情节也是扑朔迷离、真假难辨。

比如，贾宝玉林黛玉的爱情故事，若说是真的，小说一开始就明言，贾宝玉的前身神瑛侍者，有恩于林黛玉的前身绛珠仙草，后来贾宝玉幻形入世，林黛玉也一同来到人间，用她“一生的泪水”作为报答还给宝玉。所以他们俩一见面，黛玉吃一大惊，心中想道：“好生奇怪，倒像在哪里见过的，何等眼熟！”宝玉则直说：“这个妹妹我曾见过的”，“倒像是远别重逢的一般”。这些分明是作者编的瞎话，什么前生欠债，今世还泪，人世间哪有这样的奇事怪事？但我们看后来贾宝玉林黛玉二人的爱情经历，从你试我探到生死不渝，耍小性子，斗嘴皮子，相互的关心、牵挂、心心相印，写得又是那么缠绵悱恻、细致入微、真实动人，充满了人间烟火气。世人爱读《红楼梦》，多是感动于宝黛二人的爱情故事，如果写得不真实，让读者不“眼熟”，没有身临其境的切肤之痛，读者会如此感动吗？

再比如，第五回贾宝玉神游太虚境，贾宝玉来到秦氏卧房。卧室的陈设显然为假。这卧室除了挂有唐伯虎的画、秦太虚的字，还设着武则天用过的宝镜，赵飞燕舞过的金盘，安禄山打伤太真乳的木瓜，还有寿昌公主睡过的宝榻，同昌公主制作的连珠帐。简直令人眼花缭乱、瞠目结舌。一个贾家的晚辈媳妇，房间里怎么可能有这么些名人用过的、乌七八糟的物件？显然是作者故弄玄虚的游戏笔墨。所以这件事真真假假，有真有假。

还有后面，贾宝玉在秦氏卧房恍恍惚惚、悠悠荡荡，跟着秦氏到了太虚幻境，警幻仙子带他看了金陵十二钗正副册，欣赏了《红楼梦》曲，最后秘授宝玉“云雨之事”。宝玉便“依着警幻所嘱，未免作起儿女的事来”。事情至此，本可视为少男宝玉做的一场春梦。可奇怪的是，宝玉惊醒之后，大腿处却有“冰冷粘湿的一片”，这颇令人费解。宝玉在太虚幻境所历之事究竟是幻是真？若说为真，但作者明明说宝玉是神游太虚，既是神游，必定为虚；若说是虚，那金陵十二钗正副册、《红楼梦》曲的白纸黑字怎么讲？贾宝玉大腿的那片东西又作何解？这不正是云雨之事的铁证吗？

还有真假两个宝玉的事。北方有个贾宝玉，南边却有个甄宝玉。两个宝玉不仅名字相同、年龄相仿，最奇特的是，两个人还面貌相同，举止相似，从外表看竟如一个人似的。只不过两个宝玉“形似神不似”，性情爱好大为不同，一个老成世故，喜谈文章经济，立志立德立言，显亲扬名，以不负父亲师长教诲之恩；一个则率真本性，不以功名利禄为念，最爱风花雪月，最厌禄蠹之言，凡事都出自本性率意为之。我们看《红楼梦》全书，甄宝玉的出场其实是很突兀的，上不挨天，下不接地，和小说的进程并无多大的关联。作者写甄宝玉一节，显然是将他作为贾宝玉的陪衬来写的。两个宝玉，皮囊相似，性情却截然不同，一个不失赤子之心、天真本色的宝玉却姓贾（假），一个经过世事“雕琢”、成熟世故、俗不可耐的宝玉却姓甄（真），究竟哪个为真？哪个为假？

看到真假宝玉的故事，读者立刻会想到《西游记》中的“真假美猴王”桥段。两者实有异曲同工之妙。有评家多次提到《红楼梦》脱胎于《西游记》，是有一定道理的，比如真假宝玉的事，明显有真假美猴王的影子。只是在《西游记》中，真假美猴王虽然难辨真假，但毕竟有个法力无边的如来佛，他一眼可辨孰真孰假；《红楼梦》中，没有观世音，没有如来佛，没有明确答案，两个宝玉，孰真孰假，只能靠读者自己的慧眼了。这也是《红楼梦》的高明之处。

《红楼梦》中像这样真真假假的事还有很多。譬如，贾宝玉衔玉而生，明显为假；但众人却是亲眼所见，而且这玉两次失而复得，又似乎为真。贾宝玉有一宝玉，上面有字“莫失莫忘，仙寿桓昌”；薛宝钗有一金锁，上面也有字：“不离不弃，芳龄永继”。这事是真是假？有这么巧合吗？

我们再回过头来看《红楼梦》，第一回是“甄士隐梦幻识通灵，贾雨村风尘怀闺秀”，最后一回是“甄士隐详说太虚情，贾雨村归结红楼梦”，一头一尾，竟都是以一个姓甄（真）、一个姓贾（假）的两个人物作为开始和归结。一甄一贾，一假一真，甄甄贾贾，假假真真，作者这样写，其象征意义太过明显了。纵观《红楼梦》全书，真假问题可以说是贯穿全书的最大问题，是作者最想回答清楚的问题，也是作者抛给读者、希望读者能够思考、感悟的最大问题。

回答了真假问题，就是回答了作者创作主旨是什么的问题。

在作者看来，真假问题实际上是有关人生价值的终极问题。人生世上，究竟什么是真？什么是假？作者反复说“假作真时真亦假”，这是什么意思？这就是作者的真假观吗？是的，我以为这句话就是作者对真假问题的看法。假的东西，即便假托梦幻，荒诞不经；即便假语村言，胡编乱造；但若是荒唐的表象后面，揭露的却是人世的真相、人生的真理，这假的不就是真的吗？相反，滚滚红尘，大千世界，热热闹闹，悲欢离合，这些自然都是真实的存在。但是，这些真实的东西就一定有意义吗？“乱烘烘，你方唱罢我登场，反认他乡是故乡”，繁华落尽，终归尘埃；热闹过后，清冷自伤。一切如过眼云烟，一切如梦幻泡影。从这个角度看，真实的人生、热闹的世界不又是假象吗？这真的不就是假的吗？作者在小说中，反反复复用各种故事、警语，用各种各样的手段，“点化”读者要认清人生的真相，不要为表面的热闹繁华所迷惑，不要认“他乡”为“故乡”，真正的故乡是“空”、是“无”。这正是小说的创作主旨所在。

梦里不知身是客

一部《红楼梦》，以梦开篇，以梦归结，中间又穿插了许许多多的梦幻。《红楼梦》之所以叫《红楼梦》，正因如此。所以脂砚斋说："一部大书，起是梦，宝玉情是梦，贾瑞淫又是梦，秦之家计长策又是梦，今作诗也是梦，一并风月鉴亦从梦中所有。故《红楼梦》也。"

《红楼梦》里一共写了大大小小 20 多个梦，这些梦或长或短，或详或略，有的暗示着人物的命运、情节的发展，有的揭示了人物的内心活动，特别是对点明和强化小说的主旨起到了重要作用。

《红楼梦》一书，以梦开篇，第一回"甄士隐梦幻识通灵，贾雨村风尘怀闺秀"，讲的是甄士隐有一次伏案小睡，忽然梦见一僧一道，听得他们讲述一群风流冤家将要到红尘造劫历世的事。这个梦，其实很明白地暗示读者，书中那些男男女女的故事，并不是真实的，实际上就是人世上的一场大梦。作者在这一回也明言，此回中凡用‘梦’用‘幻’等字，是提醒阅者眼目，亦是此书立意本旨。小说的主旨是什么，作者说得再明白不过了。

小说第五回，作者又接着写了一场大梦，就是贾宝玉神游太虚境。写这场梦的主要目的，应该是为了引出那金陵十二钗正册、副册。金陵十二钗正副册，好似阎王殿里的生死簿，以谶语的形式预示了《红楼梦》主要人物的命运和结局。这场梦在小说的情节进程中起着非常重要的作用，草蛇灰线，伏脉千里，为后来小说的发展埋下了伏笔；但同时，它又以预言的形式告诉读者，人都是有命的，一切兴衰祸福，早就为先天所定，早就写在那太虚境里的“生死簿”里。金陵十二钗，每个人有每个人的命，每个人都早已被安排好了，就如演员演戏，剧本早已写好，你只要也只能按角色去演就行了。这种浓重的宿命思想，显然与作者的创作主旨密不可分。

第十三回，作者写秦可卿死后托梦给王熙凤。秦氏对王熙凤说道：“常言‘月满则亏，水满则溢’，又道是‘登高必跌重’。如今我们家赫赫扬扬，已将百载，一日倘或乐极悲生，若应了那句‘树倒猢狲散’的俗语，岂不虚称了一世的诗书旧族了？”又道：“婶子好痴也！否极泰来，荣辱自古周而复始，岂人力能可保常的？”秦氏说的这番话，显然是作者假托梦幻而表达出的对“人生无常”的无力感。脂砚斋评论秦氏是“幻中梦里语惊人”，并在回后总评道：“藉凤姐之梦，更化就幻空中一片贴切之情，所谓寂然不动，感而遂通。所感之象，所动之萌，深浅诚伪，随种必报，所谓幻者此也，情者亦此也。何非幻，何非情？情即是幻，幻即是情，明眼者自见。”这段批语，点出了作者写作此梦的用意。

第一百一十六回，写贾宝玉出走之前做的一个梦。贾宝玉因宝玉丢失，神志不清，被一和尚带到一荒野之地，不远处有一牌楼，显然是太虚幻境。于是宝玉重游太虚境，先是翻看了预示众女子命运的金陵十二钗正副册，虽然看得似懂非懂，但宝玉大致还是看明白了的，不然也不会“大惊痛哭”；后来他又见到了鸳鸯、尤三姐、晴雯、林黛玉、凤姐、秦可卿、迎春等人，但她们都不怎么理他，迎春等一干人竟然“都变作鬼怪形象，也来追扑。”宝玉受了惊吓，因此梦醒。这一回与前面第五回遥相呼应，印证了所有的谶语预示，对金陵十二钗的命运做了一次总结。所以与其说是贾雨村归结《红楼梦》，还不如说贾宝玉归结了《红楼梦》。前后两个梦境，前面是预示，后面是结果，一一对应，两相印证，正是表达了“人生有命”“人生如梦”的宿命思想。

《红楼梦》中，还写到一些似梦非梦的情节。第三回黛玉初会宝玉，“黛玉一见，便吃了一惊，心下想道：‘好生奇怪，倒像在那里见过一般，何等眼熟！’”而宝玉也复是同样的感觉：“这个妹妹我曾见过”——的确“好生奇怪！”他们在哪里见过？不就是在那“西方灵河岸上三生石畔”吗？后来他们“心证意证”“你证我证”，不正是闹的那场前生已经注定、结果早见分晓的还泪悲剧吗？第六十六回，柳湘莲怀疑尤三姐不洁，定要退婚，致使尤三姐刎颈而死。三姐死后，柳湘莲做了一个白日梦，只觉自己昏昏默默，不知走到什么地方。只见薛家的小厮把他带到新房子中，又见尤三姐捧着鸳鸯剑和册子，向他告别。梦醒之后，三姐、薛家小童和新房都不见了，只有一座破庙，庙旁坐着一个跛腿道士在捕虱。柳湘莲忽有所悟，于是抽出慧剑，斩断尘缘，“随那道士，不知往哪里去了”。这段描写，似真似幻，似梦非梦，神神秘秘，虚虚实实，现实与梦幻水乳交融，互相连接，互为因果，涂抹着浓重的梦幻色彩。其他如第十二回“贾天祥正照风月镜”，第二十五回“魇魔法姊弟逢五鬼”，第七十五回“开夜宴异兆发悲音”等，都渗透了大量梦幻的因素，显然是作者“人生如梦”思想在作品中的映射。

古人写小说，托言梦幻的现象不只是《红楼梦》所独有，其实是很普遍的。清人王希廉就说过：“从来传奇小说，多托言于梦。如《西厢》之草桥惊梦，《水浒》之英雄恶梦，则一梦而止，全部俱归梦境。《还魂》之因梦而死，死而复生；《紫钗》仿佛似之，而情事迥别。《南柯》《邯郸》，功名事业，俱在梦中，各有不同，各有妙处。”这说明古代小说中写梦写幻非常普遍，几乎是无梦不成小说。为什么会如此普遍呢？古代作者仅仅把梦幻描写作为一种艺术表现手段吗？还是他们在思想观念中，就认为宿命的存在和梦幻的实有，从而在创作中自觉不自觉地把这些东西写进了小说？

秦钟之死一回，庚辰本有眉批道：“石头记一部中皆是尽情尽理必有之事，必有之言，又如此荒诞不经之谈，间亦有之，是作者故意游戏之笔，聊以破色取笑，非如别书认真说鬼话也。”这句话说得未免有些绝对。中国古代小说与宗教迷信传说的关系十分密切，可以说它们结下了不解之缘，以致形成了古小说中语怪与纪异两大类别。魏晋时候，很多作者“皆张皇鬼神，称道灵异，故自晋讫隋，特多鬼神志怪之书”。这一方面与教徒术士“意在自神其教”有关，另一方面与当时人皆存有“幽明虽殊途，而人鬼乃皆实有”的迷信观念有关。至唐代传奇，虽文风文体大异魏晋，但仍然“不离于搜奇记异”，唐人虽“有意为小说”，多作“幻设语”，但只是意在“叙述宛转、文辞华艳”，并不是已自觉、完全地摆脱了迷信鬼神的观念。唐以后，从宋之话本一直到《聊斋志异》《阅微草堂笔记》，很多小说都充满了鬼狐神怪、因果报应的迷信思想。

古代小说多迷信荒诞，还受到了当时史学家的影响。孔子作《春秋》坚持实录，由此奠定了史家的实录观。但由于科学未昌，先秦史家著作如《左传》，常将一些自然现象作为社会发展变化的预兆来记录。汉代司马迁、班固亦在《史记》《汉书》中，记录了各种神话传说和各种异常的自然现象，诸如黄帝的传说，尧、舜的神话以及奇人怪事的种种预兆。这些荒诞不经的事情，都被披上了实录的外衣，被认为“实有其事”。后来的《后汉书》《晋书》《隋书》也记录了许多迷信、神秘的东西，如《干宝记》就记载了干宝见鬼怪的经历。古代小说的一个重要功能就是为了“补史家之阙”，收集正史之遗事，作为正史的一个补充。严谨的史学家都信鬼信神，鬼神莫辨，小说家们自然更是张皇神怪、无所顾忌了。

所以我以为，中国古代小说志怪纪异的传统既久，中国民间信神信鬼的风气又浓，曹雪芹自是不能“免俗”，我感觉他是真的相信“人生有命”，也真的相信鬼神之实有。所以他写《红楼梦》，写了大量的梦幻，又在广阔严谨的现实主义描写之中时不时地“认真”说上一句半句“鬼话”，这是完全可以理解的。

写梦的高手

《红楼梦》写梦幻，与其他古代小说相比，写作技巧非常高超，呈现出一种独特的艺术美感。正如王希廉所说："《红楼梦》也是说梦，而立意作法，另开生面。""与别部小说传奇说梦不同，文人心思，不可思议。"

《红楼梦》写梦幻的第一高明之处在于，它写的梦幻不是游离于故事之外，而是与故事水乳交融，浑然一体，成为故事发展的一个有机组成部分。我们此前将《红楼梦》与《枕中记》做过一番比较。两部小说都是以梦幻起笔，又是以梦幻收结。但《枕中记》中的梦幻描写，只是起到引起话头、表现创作主旨的作用，它与小说正文的故事是决然分开、互不相涉的。梦是梦，现实是现实，泾渭分明，读者一看可知。小说正文的故事也因为没有写这些荒诞不经的梦幻，所以就没有什么神秘色彩，卢生在梦中的荣辱祸福、兴衰穷达具有一种“现实的可能性”，它可能不是生活的必然，但一定符合生活的“或然律”。但《红楼梦》不一样。它的梦幻，被深深植入到故事之中，你中有我，我中有你，似梦非梦，似幻非幻，真真假假，真假难分，从而形成了一个非常奇特的艺术氛围。第一回写甄士隐梦幻识通灵，这个梦不仅交代了故事的缘起和创作主旨，还把小说的主要内容作了勾勒。梦中的通灵宝玉，是贾宝玉的命根子，也是小说里最重要的物件，若隐若现，起着串联全书、推动故事情节发展的重要作用。梦中的一僧一道，后来也多次出现在小说中，点化了甄士隐、柳湘莲等一干人等，参与、推动着小说的发展。第五回写宝玉神游太虚境那场梦，分明是少年宝玉在秦氏卧室做的一场春梦；但那梦中的诗词又历历在目，并且作为谶语，成为故事发展的一个重要环节。虚虚实实，真真假假，恍兮惚兮，迷惑了多少读者的眼睛！

《红楼梦》写梦幻的第二高明之处在于，它善于用多种方法来写梦幻。《红楼梦》写了多个梦，每个梦不仅内容不同，而且写法也不一样。归纳起来，大致有三类写法：

一类是“明入明出”。所谓“明入明出”，就是描写一个人做梦，先要写他睡下，然后进入梦境，待梦中的情节写毕，再交代他如何从睡梦中醒转过来。典型的例子，如第一回甄士隐的梦。书中写道：“一日，炎夏永昼，士隐于书房闲坐，至手倦抛书，伏几少憩，不觉朦胧睡去。梦至一处，不辨是何地方……”接下来，甄士隐在梦中见到了一僧一道，讲述了宝玉、黛玉的前世姻缘，后来便到了“太虚幻境”，“士隐意欲也跟了过去，方举步时，忽听一声霹雳，有若山崩地陷。士隐大叫一声，定睛一看，只见烈日炎炎，芭蕉冉冉，梦中之事便忘了对半。”这个梦，入梦、出梦逐一交代，写得可谓明明白白。这种对梦的常规写法，在古今小说中是极为常见的。但这种写法，梦是梦，现实是现实，读者一眼便知，难免过于单调、简单，缺少变化。

第二类写法是“暗入明出”。第二十四回“痴女儿遗帕惹相思”一节，写那个名为小红的婢女，“心内着实妄想痴心的往上攀高”，无奈却难遂心愿，“正闷闷的，忽然听见老嬷嬷说起贾芸来，不觉心中一动，便闷闷的回至房中，睡在床上，黯黯盘算，翻来复去，正没个抓寻。忽听窗外低低的叫道：‘红玉，你的手帕子我拾在这里呢。’红玉听了，忙走出来看，不是别人，正是贾芸。红玉不觉的粉面含羞，问道：‘二爷在那里拾着的？’贾芸笑道：‘你过来，我告诉你。’一面说，一面就上来拉他。那红玉急回身一跑，却被门槛绊倒。”于是她被“唬醒过来，方知是梦”。这里描写红玉入梦，了无痕迹，读者根本没有意识到她和贾芸见面其实已经是在梦里了。所以，脂砚斋在此处赞赏道：“《红楼梦》写梦章法，总不雷同。此梦更写的新奇，不见后文，不知是梦。”

第三类写法是“暗入暗出”，这是最难的、也是最高明的一种写法。

写得最好的是第八十七回“坐禅寂走火入邪魔”一节。书中写妙玉独坐禅床，三更过后，忽然听到一片瓦响。她怕有盗贼，赶紧出门察看，却什么也没有看见。这时忽然听到有两只猫叫，她联想到白天宝玉说的话，不禁心跳耳热，神不守舍，一会儿觉得有王孙公子要娶她，一会儿觉得有盗贼来抢她，她只得哭喊着求救。这时，“早惊醒了庵中女尼道婆等众，都拿火来照看。只见妙玉两手撒开，口中流沫。急叫醒时，只见眼睛直竖，两颧鲜红，骂道：‘我是有菩萨保佑，你们这些强徒敢要怎么样？’众人都唬的没了主意，都说：‘我们在这里呢，快醒转来罢！’妙玉道：‘我要回家去！你们有什么好人，送我回去吧！’道婆道：‘这里就是你住的房子。’说着，又叫别的女尼忙向观音前祷告。求了签，翻开签书看时，是触犯了西南角上的阴人。就有一个说：‘是了，大观园中西南角上本来没有人住，阴气是有的。’一面弄汤弄水的在那里忙乱。”这一段梦境描写，并没有交代妙玉何时入梦、何时出梦，而是虚虚实实，似梦似幻，分不清哪些是妙玉的梦境，哪些是她的幻觉；也难以分清哪一刻是在梦里，哪一刻回到了现实中。这是典型的“暗入暗出”写法。

再如第九十八回，宝玉闻听宝钗告诉他黛玉已死，“不禁放声大哭，倒在床上，忽然眼前漆黑，辨不出方向，心中正自恍惚，只见眼前好象有人走来，宝玉茫然问道：‘借问此是何处？’”这其实已经是在梦境里了。宝玉与那人一段对话过后，那人“袖中取出一石，向宝玉心口掷来。宝玉听了这话，又被这石子打着心窝，吓的即欲回家，只恨迷了道路。正在踌躇，忽听那边有人唤他。回首看时，不是别人，正是贾母、王夫人、宝钗、袭人等围绕哭泣叫着。”这段梦境的描写，也是“暗入暗出”写法，入梦、出梦了然无痕，梦境、现实水乳交融，让读者在晕晕乎乎中有一种神奇的阅读乐趣。

其实庄子也是一个写梦的高手。《庄子·齐物论》写了一个“庄周梦蝶”的故事：“昔者庄周梦为胡蝶，栩栩然胡蝶也，自喻适志与！不知周也。俄然觉，则蘧蘧然周也。不知周之梦为胡蝶与，胡蝶之梦为周与？”庄周做了一个梦，在梦中他幻化为蝴蝶，忘记了他本是庄周。待他忽然醒来，发觉自己仍是庄周。这个时候他糊涂了，究竟是庄子梦中变为蝴蝶，还是蝴蝶梦中变为庄子，他也分辨不清了。庄子写的这个梦，就是“暗入暗出”的写梦手法。从《红楼梦》的梦境描写技巧看，曹雪芹是深得“庄周梦蝶”的个中三昧的。

千红一哭，万艳同悲

《红楼梦》写了金陵十二钗等一众美丽的女子，这些美丽的女子，几乎没有一个不是以悲剧作为人生的收结。《红楼梦》既是一首写给这些女子们的颂曲，更是一曲由她们主演的集体悲歌。

黛玉的悲剧最是感人至深。《红楼梦》的读者，眼泪大多是哭给黛玉的。她幼年失母，长期寄人篱下，自然养成了敏感多疑的性格。身体又不好，体弱多病。她和宝玉在贾家曾经有一段青梅竹马、心心相印的美好时光，但无奈有情人难成眷属，“木石前盟”终究敌不过“金玉良缘”，她和宝玉被家长们活活拆散。在宝玉大婚之夜，林黛玉“冷月葬花魂”，焚毁诗稿，泪尽而逝。她来人间是真正来“还泪”的。

薛宝钗的命运结局也让人感叹唏嘘不已。宝钗美丽温柔，知书达理，既富有才情学识，又特别懂事，是典型的淑女形象。虽然才情略输黛玉，但她比黛玉健康、大度，没有那么多的小心眼、小性子，贾府上上下下都很喜欢，她也在贾母的操持下嫁给了宝玉，结成了“金玉良缘”。悲哀的是，她嫁给的这个人此时却已看破红尘，决意出家。她明知道宝玉的心思，但她却劝不住、留不下，只能眼睁睁看着宝玉飘然而去，留下她一个人独守空房，孤苦终身。宝钗做错了什么？她什么也没有做错，却落得如此结局，怎不叫人感叹命运之无常？

王熙凤是大观园里女人堆里的一个“另类”人物，既有泼辣爽直、乐于助人的一面，也有心狠手辣、工于算计的一面。她也有“才”，但她的才能不是体现在吟诗作赋上，而是体现在治家理财方面。偌大一个贾府，基本上靠着她一个人在勉力维持。所以作者于王熙凤，既有赞赏、佩服，甚至小小的喜欢，但更多的是鞭挞、厌恶、痛惜。王熙凤曾经风光一时，呼风唤雨，为所欲为，但随着贾府被抄，贾母过世，忽喇喇大厦将倾，她再也支持不下去了，最终病入膏肓，被“众鬼索死而亡”。作者对她有评：“机关算尽太聪明，反算了卿卿性命。”可谓锥心之语。

贾元春贵为皇妃，是贾府的靠山，但她在回家省亲后的第三年却骤然薨逝，红颜命薄，竟然只活了二十来岁。迎春最可怜，她本胆怯懦弱，偏又被嫁给如狼似虎的孙绍祖抵债，最终被孙家虐待致死。最令人痛惜的是，迎春有一次回家探亲，本可以借机逃过一劫，但贾府上下在明知她的处境后，除了同情，只是劝她认命，眼睁睁看她再次落入狼窝虎口。在贾府四姊妹中，探春命运稍好，贾府蒙难后，她远嫁海疆和亲，成了番邦王妃。惜春也很奇怪，小小年龄，却心冷嘴冷，早早看破红尘，非要铰了头发，出家为尼。妙玉是一位带发修行的尼姑，美丽聪慧，清高孤傲，才华馥郁，但“欲洁何曾洁”，最后为强人掳走，不知所终。其他女子的命运也都大同小异。秦可卿温婉风流，年轻夭折；李纨青春守寡，寒梅自处；晴雯受屈病死，香消玉殒。

《红楼梦》第五回，贾宝玉梦游太虚幻境，警幻仙子让他饮的茶是“千红一窟”，谐音“千红一哭”；酒是“万艳同杯”，谐音“万艳同悲”，预示着红楼女子的群体悲剧命运。作者真的是非常残忍，他先是极度美化大观园里的这些女子们，尽情展示她们的美丽、才情以及她们猜谜斗乐、结社吟诗的美好时光，让读者沉溺其中，流连忘返；然后笔锋一转，极其冷峻地叙写这些女子香消玉殒、风流云散的悲剧命运，让读者仿佛从温暖的春天来到了肃杀的深秋，体现出极强的悲剧力量。红楼女子的悲剧，不是个体的悲剧，而是群体的悲剧。作者一砖一瓦、一草一木建构了一个美丽的大观园，又亲手一点一点将之拆除、销毁，最终什么都没有留下，只剩下“白茫茫大地真干净”。作者想告诉读者：就像大观园里的这些女子们，再美好的事物，都不可能长久，最终都将走向死亡和寂灭。这也是作者创作《红楼梦》的主旨思想。

诗词中的悲凉

《红楼梦》中的诗词，不仅数量众多，而且艺术高超，是其创作的一大特点。我们说《红楼梦》是一部诗化小说，主要是指它在诗歌方面取得的成就。

《红楼梦》中的诗词，有很多特点，它们往往是小说情节发展的重要组成部分，经常以谶语的形式预示着人物的命运，创作风格富有个性化等，除此之外，还有一个最重要的特点，就是这些诗词中普遍流露出的悲凉之气。

《红楼梦》诗词中，出现频率最高的往往是“悲”“恨”“伤”“泪”“秋”“愁”“怨”“冷”之类表达悲伤、凄凉的词语。《红楼梦》中，除了少量几首算不上诗的打油诗外，很少有情绪欢快、色彩明亮的诗歌，绝大部分都是忧郁的、感伤的、阴沉的，字里行间都透露出阵阵寒气。

林黛玉自然是写悲情诗的高手。她写的诗，几乎无诗不悲。首首悲到极处，冷到极处，不知感动了多少读者，赚了多少眼泪。且看她的“葬花吟”，当占悲情诗的魁首：

花谢花飞花满天，红消香断有谁怜？游丝软系飘春榭，落絮轻沾扑绣帘……一年三百六十日，风刀霜剑严相逼；明媚鲜妍能几时，一朝飘泊难寻觅。花开易见落难寻，阶前愁杀葬花人；独把花锄偷洒泪，洒上空枝见血痕……愿奴此日生双翼，随花飞到天尽头。天尽头！何处有香丘？未若锦囊收艳骨，一抔净土掩风流。质本洁来还洁去，不教污淖陷渠沟。尔今死去侬收葬，未卜侬身何日丧？侬今葬花人笑痴，他年葬侬知是谁？试看春残花渐落，便是红颜老死时，一朝春尽红颜老，花落人亡两不知！

诗歌低回婉转，一唱三叹，以花拟人，以花喻人，明写花，实写人，淋漓尽致地表达了林黛玉对岁月无情、红颜易老的极度感伤。声声悲音，字字血泪，如泣如诉，催人泪下。同样写落花，南唐后主李煜有“落花流水春去也，天上人间”之句，《牡丹亭》也有“原来姹紫嫣红开遍，似这般都付与断井颓垣。良辰美景奈何天，赏心乐事谁家院”。这些都是传颂至今的佳作，但若论写落花之悲，莫过于这首“葬花吟”。

林黛玉还有一首“秋窗风雨夕”，读来也是感到秋风萧瑟，寒意逼人：

秋花惨淡秋草黄，耿耿秋灯秋夜长。已觉秋窗秋不尽，那堪风雨助凄凉！助秋风雨来何速，惊破秋窗秋梦绿。抱得秋情不忍眠，自向秋屏移泪烛。泪烛摇摇爇短檠，牵愁照恨动离情。谁家秋院无风入？何处秋窗无雨声？罗衾不奈秋风力，残漏声催秋雨急。连宵脉脉复飕飕，灯前似伴离人泣。寒烟小院转萧条，疏竹虚窗时滴沥。不知风雨几时休，已教泪洒窗纱湿。

“自古逢秋悲寂寥”，中国文人自古以来就有悲秋遣怀的传统。宋玉开了悲秋诗的先河：“悲哉，秋之为气也！萧瑟兮草木摇落而变衰。憭栗兮若在远行，登山临水兮送将归。”杜甫有诗：“万里悲秋常作客，百年多病独登台。”这是写悲秋伤怀。柳永有诗：“多情自古伤离别，更那堪冷落清秋节。”这是写悲秋伤别。范仲淹有词：“碧云天，黄叶地，秋色连波，波上寒烟翠。”这是悲秋怀乡。林黛玉的这首“秋窗风雨夕”，则是悲秋伤情。全诗连用十五个“秋”字，叠词反复，层层渲染，把一个弱女子孤苦无依、感怀伤世的心情描绘得催人泪下、痛入骨髓。

上面两首诗都是写岁月无情、红颜易老、伤时悼怀、自怨自怜的诗。这类诗在小说中数量最多。《红楼梦》写爱情的诗，虽然数量不太多，但篇篇动人，特别是那首“枉凝眉”，读来让人痛断肝肠，不胜唏嘘：

一个是阆苑仙葩，一个是美玉无瑕。若说没奇缘，今生偏又遇着他；若说有奇缘，如何心事终虚化？一个枉自嗟呀，一个空劳牵挂。一个是水中月，一个是镜中花。想眼中能有多少泪珠儿，怎禁得秋流到冬尽，春流到夏！

古今中外的爱情诗数不胜数，但能够把爱情写得这么美好、伤感的，没有几首能够超得过这首“枉凝眉”。《红楼梦》中还有一首爱情诗，写得也很委婉动人。只不过场合不雅，是贾宝玉有一次与薛蟠等人行令喝酒时吟唱的，所以往往不太被人提起：

滴不尽相思血泪抛红豆，开不完春柳春花满画楼。睡不稳纱窗风雨黄昏后，忘不了新愁与旧愁。咽不下玉粒金莼噎满喉，照不见菱花镜里形容瘦。展不开的眉头，捱不明的更漏。呀！恰便似遮不住的青山隐隐，流不断的绿水悠悠。

整首词采用同一句式，循环往复，层层递进，写出了恋人间的相思之苦、分离之恨，也是一首极好的爱情诗。

“好了歌”写的是另一种类型的悲凉：

世人都晓神仙好，惟有功名忘不了！古今将相在何方？荒冢一堆草没了。世人都晓神仙好，只有金银忘不了！终朝只恨聚无多，及到多时眼闭了。世人都晓神仙好，只有姣妻忘不了！君生日日说恩情，君死又随人去了。世人都晓神仙好，只有儿孙忘不了！痴心父母古来多，孝顺儿孙谁见了？

人生在世，人们孜孜追求的不就是功名、富贵、娇妻和儿孙？可是这跛足道人却将这一切说破，功名、富贵不可久恃，娇妻、子女难以依靠。那么我们追求的这些东西又有什么意义？全诗虽无一处有“悲”“怨”字眼，但却处处透着幻灭的悲凉。有什么比理想破灭更让人悲哀和绝望的呢？

《红楼梦》中，有很多是谶语诗，暗示着人物的命运和故事的发展线索。这些谶语诗无一例外都透着浓重的感伤悲凉情绪。兹举数例：

其一：才自精明志自高，生于末世运偏消。清明涕泣江边望，千里东风一梦遥。

其二：勘破三春景不长，缁衣顿改昔年妆。可怜绣户侯门女，独卧青灯古佛旁。

其三：喜荣华正好，恨无常又到。眼睁睁，把万事全抛。荡悠悠，芳魂消耗。望家乡，路远山高。故向爹娘梦里相寻告：儿命已入黄泉，天伦呵，须要退步抽身早！

其四：一帆风雨路三千，把骨肉家园，齐来抛闪。恐哭损残年，告爹娘，休把儿悬念。自古穷通皆有定，离合岂无缘？从今分两地，各自保平安。奴去也，莫牵连。

其五：将那三春看破，桃红柳绿待如何？把这韶华打灭，觅那清淡天和。说什么，天上夭桃盛，云中杏蕊多。到头来，谁见把秋捱过？则看那，白杨村里人呜咽，青枫林下鬼吟哦。更兼着，连天衰草遮坟墓。这的是，昨贫今富人劳碌，春荣秋谢花折磨。似这般，生关死劫谁能躲？闻说道，西方宝树唤婆娑，上结着长生果。

其六：机关算尽太聪明，反算了卿卿性命。生前心已碎，死后性空灵。家富人宁，终有个家亡人散各奔腾。枉费了意悬悬半世心，好一似荡悠悠三更梦。忽喇喇似大厦倾，昏惨惨似灯将尽。呀！一场欢喜忽悲辛。叹人世，终难定！

《红楼梦》中写了大量的悲情诗，这与作者的创作主旨是分不开的。作者思想中有着强烈的命运无常、人生如梦的宿命感和悲观色彩，他创作《红楼梦》的一个主要目的，是要引导读者走向觉悟。所以，《红楼梦》全书笼罩在一种浓浓的宿命观念之下。这种观念，也指导、规范着小说的诗词创作。这正是《红楼梦》的诗词为什么都透着悲凉的原因。

书名各异，其旨一矣

《红楼梦》有五个书名，除《红楼梦》外，还有《石头记》《情僧录》《风月宝鉴》《金陵十二钗》。

一般的小说只有一个书名，《红楼梦》为什么有五个书名？作者在第一回作了这样的解释：从此空空道人因空见色，由色生情，传情入色，自色悟空，遂易名为情僧，改为《情僧录》。至吴玉峰题曰《红楼梦》。东鲁孔梅溪则题曰《风月宝鉴》。后因曹雪芹于悼红轩中披阅十载，增删五次，纂成目录，分出章回，则题曰《金陵十二钗》，并题一绝。即此便是《石头记》的缘起。

这五个书名名虽不同，其旨一也，均是从不同侧面反映了作者“人生如梦”“色即是空，空即是色”的创作主旨。

一 石头记

《石头记》是最早的书名，也一度是影响力最大的书名，广泛见于早期手抄本中，比如《脂砚斋重评石头记》。该书开篇从女娲补天的神话故事讲起，说女娲补天留下一块无材补天的顽石，自经锻炼，灵性已通，并在石上记下自己所经历的离合悲欢与世态炎凉的故事。后空空道人将这《石头记》再检阅一遍，从头至尾抄写回来，闻世传奇。这就是《石头记》书名的来历。所谓《石头记》，既可指这部小说的故事是石头记下来的，又可指这故事写在石头上，还可指这故事是石头自己所经历的故事，记述的是石头的故事。

顽石者，贾宝玉也。以《石头记》命名，就是表明小说讲述的是贾宝玉这块顽石遭劫历世的红尘故事。贾宝玉自幼生活在繁华热闹的大观园里，经历过许多烈火烹油的贵族生活，遇到许多美丽聪慧的女子，也经历了一段刻骨铭心的爱情。但这些美好的人和事，最终都遭到了毁灭，烟消云散了，都成了一场空。贾宝玉由此觉悟，出家做了和尚。实际上是通灵复原，回归石头本相，“归彼大荒”，又回到了那无稽崖青埂峰下。

作者通过石头“到人间走了一趟”的故事，意在借石头“点化”读者：人生无常，人生如梦，像石头这样有神性的东西，他所经历的可谓繁华、热闹到了极致，但最后又如何呢？还不是如镜中花、水中月，最终都是一场空！

二 红楼梦

《红楼梦》作何解？

红者，大红大贵也，喻指繁华、热闹、富贵，也可指红颜、女子；楼者，明面上指楼阁、闺阁、大观园，实际喻指红尘、人间、现实人生；梦字好解，就是指梦幻。三个字连起来，意思是说小说敷演的就是一段发生在红楼里、红尘中的悲欢离合的故事，故事中的人和事最终都烟消云散，如同做了一场大梦。

小说第五回，写贾宝玉神游太虚境，警幻仙子为了觉悟宝玉，让舞女们“就将新制的《红楼梦》十二支演上来”，又说道：“若非个中之人，不知其中之妙。料尔亦未必深明此调，若不先阅其稿，后听其曲，反成嚼蜡矣。”于是“回头命小鬟取了《红楼梦》原稿来，递与宝玉。”这是小说第一次也是唯一一次提及《红楼梦》，这里的《红楼梦》是指十二支曲的曲名。吴玉峰是否据此将小说改名为《红楼梦》，就不得而知了。

关于小说取名《红楼梦》的原因，人们的看法大致近似。脂砚斋在警幻仙子说到有“新填《红楼梦》仙曲十二支”时，旁批道：“点题。盖作者自云：所历不过红楼一梦耳。”又另有批说：“红楼，梦也。”梦觉主人《〈红楼梦〉序》云：“辞传闺秀而涉于幻者，故是书以梦名也。夫梦曰红楼，乃巨家大室儿女之情，事有真不真耳。红楼富女，诗证香山；悟幻庄周，梦归蝴蝶。作是书者藉以命名，为之《红楼梦》焉。”大概说的都是一样的意思。

小说中的很多话也可作为参考和印证。小说开篇说“作者自云，曾历过一番梦幻”，又云“更于篇中间用梦、幻等字，却是此书本旨，兼寓提醒阅者之意”，在石头求僧道将之携入红尘时，二仙道：“那红尘中有却有些乐事，但不能永远依恃。况又有‘美中不足，好事多魔’八个字紧相连属；瞬息间则又乐极悲生、人非物换，究竟是到头一梦，万境归空。”第五回借警幻之口说：“往先以情欲声色等事警其痴顽，或能使他跳出迷人圈子，入于正路。”这些话完全可以作为取名《红楼梦》的注脚，既表明小说写的是红尘乐事，又提醒读者这些红尘乐事不可久恃，终究如一场梦幻，万境归空。

三 情僧录

“情僧”一词，用来形容宝玉，是再恰当不过了。

“情”与“僧”二字，本来是水火不容的，有情非僧，是僧无情。所以把“情”与“僧”二字连在一起，既对立、矛盾，又富有文字的弹性和张力。

宝玉是个“情种”无疑。他从小不爱读书，不求仕进，却爱在女儿堆里厮混，说“女儿是水做的骨肉”，所以他喜欢他身边所有的年轻女子。他爱林妹妹，也恋宝姐姐，最牵肠挂肚的是黛玉，却不敢在她面前轻薄，最欣赏的是宝钗，却又最言行谨慎不敢造次；他亲近袭人也呵护晴雯，袭人谎称要嫁人离开，宝玉便死去活来，晴雯任性，他索性拿把扇子让她撕；平儿受了委屈，他要关怀备至照顾其梳洗；香菱的裙子弄脏了，他要想办法给换上新的；他慕鸳鸯又悲金钏儿，仿佛眼前的所有女子都与他有关。妹妹远嫁，他无端伤感；妙玉高洁，他顿生敬畏；以至于连稍带阴柔之美的优伶戏子，他一概能亲近之、体谅之。他几乎就是为女儿们而生的。他不仅是天下第一的情种，还是天下第一的情痴、情圣。

宝玉是“僧”吗？当然也算是。小说最后一回，宝玉中了乡魁，了却尘缘，随那一僧一道，飘然出家。小说至此也就结束了。宝玉的人间之行，始于情，终于僧，做了百十九回的“情种”，却于小说终了做了一回的僧人。宝玉属于作者所说的正邪两赋的人物，亦情亦僧、亦僧亦情，觉悟之前，他是入世极深、用情极深的情种、情痴；觉悟之后，他又是看破红尘、绝情绝义的出家和尚。所以称之为“情僧”。

不过读者更感兴趣的是宝玉觉悟的过程。这么一个贵族公子，这么一个无比喜欢女孩的少年，他为什么会出家？他遇到些什么事？我们看整部小说，其实就是讲的贾宝玉由情而僧的觉悟过程。正如作者所讲：“从此空空道人因空见色，由色生情，传情入色，自色悟空，遂改名情僧，改《石头记》为《情僧录》。”

贾宝玉毕竟是小说中的人物。古往今来，真正称得上情僧的只有一个人，就是仓央嘉措。他不仅是僧人，而且是西藏地位最高的僧人——达赖喇嘛；他不仅多情，而且是一位极有才华的诗人。正如他在一首诗里写的：“住进布达拉宫，我是雪域最大的王。流浪在拉萨街头，我是世间最美的情郎。”我们现在读他的情诗，仍会感动落泪：“世间安得双全法，不负如来不负卿。”“那一世，转山转水转佛塔，不为修来世，只为途中与你相见。”“好多年了，你一直在我伤口中幽居，我放下过天地，却从未放下过你。”怎能想象，这些优美的情诗居然出自一位活佛之口？这位身披袈裟的年轻僧人有着一颗怎样丰富敏感的心灵？亦僧亦情，亦情亦僧，把“情”和“僧”都做到了极致，仓央嘉措堪称古今第一情僧。

四 风月宝鉴

何谓风月宝鉴？风月谓男女情事，宝鉴指可用于借鉴、警戒的镜子。风月宝鉴的意思是要读者以书中的故事为鉴，戒妄动风月之情。

小说中关于风月宝鉴有一段故事，说的是贾瑞害了相思病，喜欢上了本家嫂嫂王熙凤，但他求而不得，遭到凤姐三番两次的教训戏弄。贾瑞因此致病，吃药看病都不见效，眼看就要没命。这时忽然来了一个跛足道人，说此病非药可治，他有一个宝贝，就是风月宝鉴，只要贾瑞天天照，病就能好。可是贾瑞并没有病愈。原来，风月宝鉴只能照背面，不能照正面。若照错了，后果不堪设想。贾瑞开始求命心切，按道士所说拿镜子背面照。可是一看，里面是一具骷髅。他吓出一身冷汗，骂是道士吓他。然后又想，正面会是什么呢？想着就翻过镜子来。那镜子正面，就是花枝招展的凤姐在对他招手。贾瑞乐坏了，飘悠悠就进镜和凤姐欢会。一次之后，心里还不满足，又进去了几次。最后一次正想从镜子里出来，却被两个人拿了锁锁了去，遂一命呜呼。

这个故事编得离奇，但意思很直白，就是借这风月宝鉴，告诫读者要认识到人生的真相，不要为假象所惑，妄动男欢女爱之情。实际上是用贾瑞的故事把“风月宝鉴”的含义演绎了一番。

但也不能如此简单理解风月宝鉴的含义。“风月”二字固然是指男女之情，但在《红楼梦》中，其指代的意思应更加宽泛，泛指包括男女之情在内的所有人间“乐事”。举凡人间的兴衰际遇、悲欢离合，都是“风月”，都可作为人生的镜鉴。《红楼梦》就像是小说中那面风月宝鉴，从中可以看见人生百态，也可悟到兴衰之道、福祸之理。所以我们千万不可呆看《红楼梦》。如果说风月宝鉴有正反两面，那么《红楼梦》也有正反两面。哪一面是正面？哪一面是反面？我们切莫正反颠倒、以假为真，误解了作者的创作本意。

五 金陵十二钗

《金陵十二钗》这个书名好理解。

作者开篇说："然闺阁中历历有人，万不可因我之不肖，自护己短，一并使其泯灭也。"表明作者写作此书有要为闺阁立传，使之流传后世的目的。贾宝玉神游太虚境，见到一个橱柜上大书"金陵十二钗正册"，不解其意。警幻仙子解释道："即尔省中十二冠首女子之册，故为正册"。所以金陵十二钗，就是指金陵城里、大观园中十二个美丽女子的故事。

从某种意义上说，一部《红楼梦》，就是一部大观园里女子们的集体传记。作者满腔热忱、浓墨重彩地展现了这些女子的美丽、才情、情感，同时又无限惋惜、无限感伤地描写了她们的悲剧人生，并借此表明，再美好的事物，终究会风流云散，万境归空。

所以，小说的这五个书名，各有特色，各有其妙。只不过《红楼梦》相较更好些。《石头记》过于朴直，《金陵十二钗》指向太实，《情僧录》《风月宝鉴》语涉"风月""情"，容易让人误以为是小黄书。《红楼梦》，既新奇别致，虚实相生；又含蓄温藉，意蕴丰富，所以最终成了小说最流行的书名。

若把这五个书名串起来，稍加连缀，也很有意思的：

无材补天的石头，下凡来到红楼，化身为情种，遇到了金陵十二钗，和她们演绎了一段恩恩怨怨的故事，后来受风月宝鉴警醒，觉悟到一切原来不过是一场梦，于是出家为僧，最终回归故乡大荒山。

不过这种连缀显然勉强，游戏之笔，仅供读者诸君一笑。

冰冷的人生哲学

人生最苦：爱而不得

《红楼梦》是一部佛书吗？

有人认为，《红楼梦》是一部佛书，一部度人迷津、引导觉悟的佛法之书。

这种说法可能绝大多数读者都不能接受。怎么可能呢？这么一本“大旨不过谈情”、充满了人间烟火气的书，怎么可能是谈经论道的佛书？

的确，将《红楼梦》等同于一部佛书，显然太简单化了，有以偏概全、盲人摸象之嫌，远远不能涵括小说所实际呈现出来的丰富意蕴。但不可否认的是，佛教思想对《红楼梦》的影响是广泛而深刻的，它既体现在作者的创作思想中，又体现在作品的具体创作过程中。

佛教思想对《红楼梦》的影响，主要体现在两个方面：一是“众生皆苦”的思想，二是“色即是空”的思想。

众生皆苦

佛教对于宇宙人生的基本观念有“四谛”说，“四谛”分别指的是苦谛、集谛、灭谛、道谛，其中第一谛就是苦谛。“众生皆苦”是佛教对生活的基本判断，也是佛教展开其学说与信仰的逻辑起点。在佛教看来，人一生下来便是苦，苦才是我们每个人生活的真相和本质，快乐都是转瞬即逝的，靠不住的，是人生的假象。

那么人生中都有哪些苦呢？佛教认为，人生最基本的苦一共有八种：生、老、病、死、怨憎会、爱别离、求不得、五阴盛。⑴生苦：人一出生，就要进入险恶的人世，在接触和适应外界的过程中，充满痛苦。⑵老苦：人到老年，体力衰退，发白齿落，耳聋背驼，行走艰难，倍感痛苦。⑶病苦：人一辈子要患上各种疾病，造成肉体上和精神上的痛苦。⑷死苦：人将临死，对死亡充满恐惧，迷恋现世的生活，感到痛苦。⑸怨憎会苦：与自己所讨厌的人不得已而相会、结合，对自己憎恶的环境想脱离而又脱离不了，不想遇到的事偏偏又遇到，令人苦恼不堪。⑹爱别离苦：不得已与自己喜欢、相爱的人别离，令人痛苦。⑺求不得苦：自己想做的事做不成，自己想追求的事或人得不到，精神上感到痛苦。⑻五阴盛苦：人生就是苦，人生就是前面各种苦的集合体。

那么这些苦是怎么形成的呢？佛教又进一步提出了五蕴理论。佛教认为世界和生命是由色、受、想、行、识五种因素构成，这五种因素就被称为五蕴。色蕴是指物质，由地、水、火、风所造，是构成世界的四种物质。色蕴分内色和外色，内色就是眼、耳、鼻、舌、身无根，外色就是色、声、香、味、触五境。我们眼睛看到的、耳朵听到的、鼻子闻到的，都是“色”。受蕴是指外界作用于眼、耳、鼻、舌、身而产生的痛痒、苦乐、忧喜、好恶等感觉，比如吃山珍海味，觉得好吃，即为受；享一时之欢，觉得开心，也为受。想蕴是对接受外界事物产生的感觉进行分析得到的知觉和表象。我们的想法可能会因为看的角度不同而不同，看的角度即为取相，取相会影响我们的自相。行蕴是通过对外界事物的认识而产生的行动意志，“贪”“嗔”“痴”就是“行”，善念则行善动，恶念则行恶动。识蕴是人的总的意识，即把受、想、行三蕴汇聚在一起，会对外界事物产生判断和分别心，或生欢喜或生厌恶，皆随心而定。

佛教认为，人生之所以痛苦，就是因为我们受五蕴所控，过于执迷于人世间的喜怒哀乐，看不到世界的真相，也觉察不到人生的真正意义。只有消除了“我执”“法执”，觉悟到五蕴的真相是无常、是空、是无我，方可摆脱苦海，消除苦难。

《红楼梦》对佛教“众生皆苦”的理解是深刻的，所以它对人生之苦的描写也是极为深入和广泛的。有人说《红楼梦》是一个大悲剧，是“悲剧中的悲剧”，是非常有道理的。《红楼梦》从一开始就笼罩在一种悲观、悲凉的氛围之中，这正是作者认为“人生是苦”的缘故。如果说《红楼梦》是一本觉悟之书，那么作者就是要把人生之苦写到极致，读者方可走向觉悟。

人生最苦：爱而不得

《红楼梦》写“苦”，不是写生老病死之苦，主要是写“求不得苦”，特别是“爱而不得苦”。

人生在世，生老病死是自然规律，谁也逃脱不了。生老病死虽然也苦，但这种苦是人人都会遇到的，是一种平常的、肉体上的苦。人生最苦之事，莫过于爱而不得的苦。这种苦，少数人很幸运，没有吃过，他们遇到了自己喜欢的人，求而得之，有情人终成眷属。但幸运总是属于少数人的，更多的人，他们遇到了喜欢的人，彼此相知相爱，情投意合，但因为种种缘故，却永远不能在一起。此后的余生，他们只能把对方深埋在心底，若无其事地生活下去。时长日久，他们以为早已忘记彼此，但偶尔的一首歌曲、一篇文章，却会让他们泪流满面……他们蓦然发现，那个尘封在心底最深处的人才是此生的最爱！这种苦，强烈、隐忍、长久，才真正是人间之至苦。

《红楼梦》中，有大量的篇幅在写爱而不得之苦。

最典型的当然是宝黛二人的爱情悲剧。这是小说的一条主线，贯穿始终。宝黛二人，他们有着最美好的初见，一见面都觉得彼此熟识，似乎在梦中见过，属于典型的一见钟情；他们共度过一段美好的时光，彼此牵挂，相互喜欢；最为难得的是，他们有共同的性情，共同的兴趣爱好，共同的人生观、价值观。因此，无论从相貌、才情、性格、价值观等各方面看，他们俩都是天造的一对，地设的一双。但就是这么两个相爱至深的人，却因为世俗的原因被活活拆散，劳燕分飞。这是多么深重的人生苦痛！因了这种苦，林黛玉要用一生的眼泪来还，直到付出青春的生命；因了这种痛，贾宝玉决意出家为僧，了断尘缘，一了百了。

《红楼梦》曲中有首“枉凝眉”，把这种爱而不得的痛苦描写得淋漓尽致：

> 一个是阆苑仙葩，一个是美玉无瑕。若说没奇缘，今生偏又遇着他；若说有奇缘，如何心事终虚化？一个枉自嗟呀，一个空劳牵挂。一个是水中月，一个是镜中花。想眼中能有多少泪珠儿，怎禁得秋流到冬尽，春流到夏！

读者读《红楼梦》，往往感动落泪，这泪便多是流给了宝黛二人至深至性的爱情，流给了他们爱而不得的悲剧命运。我们说《红楼梦》是一部伟大的作品，它的最伟大、最成功之处就是谱写了一曲感人肺腑的爱情悲歌。它让我们既看到了爱情的美好，更感受到了人生的残酷、爱而不得的人间至苦。这也许正是作者要告诉给我们的人生真相。

除了宝黛二人，《红楼梦》中爱而不得之事可谓不胜枚举。贾宝玉是个情种、情圣，除了林黛玉是他的最爱外，他还喜欢着他身边所有的女孩们，但是，“彩云易散”，这些女孩们最终亡的亡，走的走，嫁的嫁，都一个个离他而去。这也是一种“爱而不得”。尤三姐对柳湘莲心有所属，但柳湘莲因为怀疑她而悔婚了，她为了自证清白，刎剑自杀。因爱而不得，尤三姐付出了生命的代价。司棋与表兄潘又安相恋，因在园中幽会事发而被逐。后来司棋因母亲反对，拼死抗命，一头撞死在了墙上。潘又安本是发了财回来找司棋的，正好碰见此惨状，他抬来两口棺材，“忙着把司棋收拾了，也不啼哭，眼错不见，把带的小刀子往脖子里一抹，也就抹死了”。为了爱情，双双殉情，这个惨烈程度，甚至比宝黛还过之。贾瑞之于凤姐，也是一种爱而不得。虽然他的爱慕有违伦理道德，但我们不能认为贾瑞不是贾宝玉，他就没有爱人、示爱的权力。只不过他是单相思，他所爱之人对他不屑一顾，而且心狠手辣，竟设局害了他性命……

有人或许要问，《红楼梦》除了写爱而不得的苦之外，还写了那么多鲜花着锦、烈火烹油的“赏心乐事”，怎么见得作者就认为“人生是苦”呢？其实这正是作者的大本事。作者非常擅长以乐写苦，以乐衬苦，前面把乐的事情烘托得越充分、越热烈，后面不幸的事情才越让人觉得苦上加苦。对比越鲜明，反差越强烈，对读者的心理冲击就越大。能把无数读者写哭，是作者的厉害。

色即是空，空即是色

佛教思想对《红楼梦》影响最大的另一观念是它的“色空”观。

佛教认为众生皆苦，那么解脱之道是什么呢？就是要破除“我执”“法执”，消除五蕴的遮蔽，认清五蕴的本质是空、是无常、是虚无。这也就是佛教的“色空”观。佛教认为，宇宙万有，皆是因缘和合而生，没有一个独立、永恒的自性或实体。譬如说人，本来并不存在，只因五蕴和合才得以生成，当五蕴离散，人则幻灭；人生的过程，也表现为从“无明”到“老死”十二个阶段，即佛教的“十二因缘”说。前世因导致今世果，今世因又导致来世果，一切都乃因缘和合而生。因而众生无本。宇宙万有亦皆然。一切都是因缘而有的假象、幻影，就本质而言，都是“空”，即所谓“诸法皆空”。故僧肇云：“虽有而无，所谓非有；虽无而有，所谓非无。为此，则非无物也，物非真物。物非真物，故于何可物？

故经云：‘色之性空，非色败空。’”《金刚经》云：“一切有为法，如梦幻泡影，如露亦如电，应作如是观”；《大智度论》云：“观色念念无常，即知为空……空即是无生无灭。无生无灭及生灭，其实是一，说有广略。”又有《般若波罗蜜多心经》云：“色不异空，空不异色，色即是空，空即是色，受想行识，亦复如是。”这些话讲的都是同一个意思，就是认为现实世界中的万事万物都如梦幻泡影，是虚幻的、不真实的、不可靠的，只有空才是世界的本相和人生的真谛。

佛教的这种“色空”观，深刻地影响了作者的创作理念和创作过程。

一是体现在小说的总体框架上。小说以梦幻起，以梦幻终，中间又穿插写了很多的梦幻。这种总体框架安排便是作者的一种暗示，他实际上是在写一场大梦，读者不要被梦中的他写的那些繁华热闹所迷惑，那些都是梦中之境，是虚幻不实的，终究是一场空。所以人生如梦，梦如人生。前文曾经将《红楼梦》与《枕中记》的总体框架做了一个比较，两者是很近似的，表达的主题也都是人生如梦的这种思想。

二是体现在小说的故事安排上。《红楼梦》有三条主线，一是以宝黛爱情悲剧为中心的发展线索；二是以金陵十二钗为主体、众多女儿们的命运为背景的发展线索；三是以贾府为代表的四大家族由盛而衰为标志的发展线索。这三条主线虽各有不同，但发展脉络是一致的，都是始而乐，终而悲，黛玉死了，宝玉出家了，众女儿风流云散了，贾府衰败了，最后的结局都很凄惨。故事如此安排，表明了作者浓重的悲观思想和人生无常的虚无观念。甄士隐的“小荣枯”实际上是为贾宝玉的大悲剧作了一番预演。

三是体现在小说的字里行间和诸多的诗词中。虽然作者喜欢使用障眼法，经常正话反说，或反话正说，让人摸不清他要表达的真实意思；但小说中字里行间透露出的、反反复复被强化的一些东西，还是能够让我们拨除迷雾。小说从一开始到结尾，就弥漫着一股强烈的悲观宿命思想，不管是作者的自白，还是穿插在小说中的诗词，以及人物对话，都充斥着大量“人生如梦”“人生无常”“万境归空”之类的字眼。因为这类的语言太多、太频繁地出现在小说中，我们有理由相信，佛教的“色空”观就是作者想要表达的真实思想。只是他不想说得太明确，他更希望用他的作品来“点化”读者，让读者自己去感受、去判断、去觉悟。

仅从以上三个方面，足可见出佛教“色空”观对《红楼梦》的巨大影响。一部《红楼梦》，就是一首现实版的“好了歌”。从这个意义上说，《红楼梦》就是一本度人迷津的觉悟之书。

赤子之心与有无相生

《红楼梦》不仅受佛教思想影响深，受道家思想的影响也很明显。

道家思想也称老庄思想、老庄哲学。老子是道家学说的创始人。《道德经》凡五千言，其核心思想范畴是“道”。他认为“道”是世界的本源，道的运行有它自己的规律，自然而然，非人力所能改变。所以他主张“道法自然”，要求人类顺应“自然之道”，返璞归真，“无为而无不为”，以“自然”“无为”作为治理社会、为人处世的理想状态。老子的思想中还含有强烈的辩证色彩，他认为世界上的事物都是相比较而存在的，都不是一成不变的，所以他说“福兮祸所伏，祸兮福所倚”“天下莫柔弱于水，而攻坚强者莫之能胜”。庄子是道家学说的另一重要代表人物。他继承和发展了老子“道法自然”的思想，主张顺从天道，摒弃人为，强调“无名”“无功”“无己”。人们只有忘掉成心、机心、分别心，不凝滞于物，不为外界的名利所困扰，才会修身养性，实现精神上的绝对自由，达到一种内心虚静明觉状态下的逍遥自得。“齐物观”是庄子的另一重要思想。他认为天人之间、物我之间、生死之间以致万物之间，只存在着无条件的同一，即绝对的“齐”，没有什么物我、是非、生死、贵贱之分。所以他主张人生在世，要安时处顺，心胸豁达，泰然处事。

老庄思想对中国文化的影响非常大。它提出的清静无为，独善其身，与世无争，追求身心自由的主张，深深影响着中国古代知识分子的价值取向和行为方式。在每个中国知识分子的心中，都端坐着三个人，一个是孔子，一个是老子，一个是释迦牟尼。以孔子为代表的儒家哲学，主张积极入世，用一种积极有为的人生态度，去投身社会，通过积极努力和奉献，实现自己的人生价值。而以老子为代表的道家哲学，则主张人要清心寡欲，清静无为，用一种游离于世界之外的无为思想，来实现个人精神的逍遥。以释迦牟尼为代表的佛家则主张一切都是虚空，一切都是幻象，人要慈悲为怀，放下一切的执着，实现涅槃。中国古代知识分子身上往往儒、道、释杂糅，儒为表，释、道为里；达则为儒，兼济天下，穷则为道、为释，独善其身；入则为儒，建功立业，出则为释、道，清静无为；在人生态度上，往往儒家积极进取的东西多一些；在行为方式上又往往道家自然随性、消极避世的成分重一些。可以说，凡古代文人，没有不受到道家思想影响的。曹雪芹当然也不会例外，我们在《红楼梦》中，是能够明显感受到道家思想的影子的。

《红楼梦》中有很多地方直接引用或转述、化用了道家著作。

第二十一回，贾宝玉和袭人闹别扭，心情沉闷，就翻看《南华经》，读到其中的《外篇·胠箧》：“故绝圣弃知，大盗乃止……而天下始人含其巧矣。”看至此，宝玉突发奇想，趁着酒兴，不禁提笔续曰：“焚花散麝，而闺阁始人含其劝矣……彼钗、玉、花、麝者，皆张其罗而穴其隧，所以迷眩缠陷天下者也。”宝玉认为自己的所有烦恼都源于黛玉、宝钗这些女子，所以要“戕其仙姿”“灰其灵窍”。结果被林黛玉嘲笑道：“无端弄笔是何人？作践南华庄子因。不悔自己无见识，却将丑语怪他人！”第二十二回，贾宝玉听了薛宝钗念的《寄生草》，又受黛玉湘云两头埋怨，便想起了前日所看《南华经》上，有“巧者劳而智者忧，无能者无所求，饱食而遨游，泛若不系之舟”，又有“山木自寇，源泉自盗”等语，因此越想越伤感，越想越无趣。第六十三回，妙玉“又常赞文是庄子的好，故又或称为‘畸人’。”这“畸人”二字便出自《庄子·大宗师》：“畸人者，畸于人而侔于天。”意思是畸人虽与世俗不合，但率性而为，与自然之理相通。第一百一十三回，宝玉“由是一而二，二而三，追思起来，想到《庄子》上的话，虚无缥缈，人生在世，难免风流云散，不觉的大哭起来”。第一百一十八回，“宝玉送王夫人去后，正拿着《秋水》一篇在那里细玩”“那宝玉看着书子，笑嘻嘻走进来，递给麝月收了，便出来将那本《庄子》收了……”

从上面的文字看，作者对道家经典尤其是庄子的著作，应该是非常熟悉，他受到道家思想的影响也就再正常不过了。

崇尚“赤子之心”

老子最早使用“赤子”一词来形容圣人，他认为圣人不偏不倚，抱朴守真，无为不争，好静寡欲，如婴孩般淳厚质朴，“圣人在天下，歙歙焉，为天下浑其心。百姓皆注其耳目，圣人皆孩之”；称道圣人德行深厚，大智若愚，大巧若拙，返璞归真，有如赤子，“含德之厚，比于赤子”。道家认为人之所以有痛苦烦恼，就在于欲求太多，后天的伪饰太多，不能保有赤子之心，所以主张“返本归真”“法天贵真”，一切顺其自然，无为而为。人们只有超越尘世功利的追求，泯灭喜怒哀乐的情绪，达到“形若槁木，心如死灰”，精神才可能取得绝对的自由，与永恒的时空融为一体：“藐姑射之山，有神人居焉。肌肤若冰雪，绰约若处子。不食五谷，吸风饮露。乘云气，御飞龙，而游乎四海之外”“至人神矣！大泽焚而不能热，河汉沍而不能寒，疾雷破山、飘风振海而不能惊。若然者，乘云气，骑日月，而游乎四海之外。死生无变于己，而况利害之端乎！”

《红楼梦》中贾宝玉的人物设定，也一定受到了道家这种“赤子之心”的影响。贾宝玉这块“顽石”究竟“顽”在何处？或者说，贾宝玉的性格中究竟是什么让读者喜欢？我以为，除了他的“痴情”外，最重要的是他朴拙、本色、真实，身处热闹的红尘之中，却从未失其“赤子之心”。他像一个永远长不大的婴儿，干净、天真、不做作，按照自己的本性行事，想哭就哭，想笑就笑，想爱就爱，想说疯话就说疯话。呆呆傻傻，言语莽撞，不通世故人情，从不在意别人的看法。他喜欢他身边所有的女子，因为女子是水做的，他看着清爽。他不喜功名利禄、道德文章，厌恶充满污泥浊气的男人世界，讨厌一切违背他天性的安排。这样一块“顽石”，我们不仅不会讨厌，反而会很喜欢、很羡慕，他活出了我们心中的自我。贾宝玉的身上，鲜明地体现了道家“赤子之心”的理想人格。

林黛玉的身上也有道家的影子。世人常把林黛玉、薛宝钗并提，多是褒林贬薛，个中原因，并非宝钗不好，也不是因为黛玉的才情高，而是黛玉更本色、更真实。她就像一个不食人间烟火的仙子，为爱而生，为情而死，除了爱情，仿佛世上没有一件事值得她去关心。她性格直率，率性而为，从不取悦于人，从不对任何人阿谀奉承，身上没有半点的圆滑、世故和庸俗。有人说薛宝钗林黛玉二人是一儒一道，宝钗是入世的，身上的烟火气重一些，所以是儒家；黛玉是出世的，孤高傲世，仙气飘飘，所以是道家。这种说法是有一定道理的。

无为有处有还无

道家思想中的“有无”观也对《红楼梦》产生了巨大影响，它和佛教的“色空”观互为补充，相互印证，成为小说创作的主导思想。

“假作真时真亦假，无为有处有还无”，《红楼梦》有两处写到了这句话，第一次是甄士隐在梦幻中所见，第二次是贾宝玉在游太虚境中所见。作者在小说开始，反复强调这句话，显然是有深意的。“真假”是佛教的概念，这里暂且不论；“有无”是道家理论中的一个极为重要的概念，道家认为世间万物真与假、有与无不是一成不变的，而是相互统一、相互转化的。有是相对的，无才是世界的本质。老子最先提出“无”的范畴：“天下之无生于有，有生于无。”又说：“道生一，一生二，二生三，三生万物。”“一”指天地未分时的混沌状态，是“有”，道生一，即有生于无。“道”和“无”都是产生天地万物的本体。庄子以“虚无”论道，将“无”

解释为纯然无有："万物出乎无有。有不能以有为有，必出乎无有，而无有一无有。"他进一步说："因其所有而有之，则万物莫不有；因其所无而无之，则万物莫不无。"庄子甚至还提出"无无"的概念，否定一切，认为只有连"无"都没有了，才能达到绝对虚无的境界。庄子的这种思想，必然导致他对现实世界的否定性看法，所以他的身上是有着浓重的悲观避世的虚无色彩的。他认为人生变化无常，不可捉摸，正确的态度只能是顺应命运的安排，"安时而处顺""知其不可奈何而安之若命"。

而《红楼梦》中，这种虚无观念也表现得极为明显和强烈，它几乎渗透在全书的每一个章节之中。小说中的人物，往往都有悲观出世的想法，贾宝玉如此，林黛玉亦如此；小说的情节进程，也生动演绎了从"有"到"无"的一幕幕人间悲剧；小说中的诗词，更是充斥着虚无和宿命的气息。可见，道家的虚无观深刻影响着《红楼梦》的创作，并和佛教的"色即是空，空即是色"的观念一起，共同构成了小说的主旋律。

如前所述，道家思想对《红楼梦》的影响是非常大的，但是，《红楼梦》对道教却是很不以为然的。

这里有必要将道家和道教做一区分。道家是一种思想流派，而道教是一种宗教，它们二者既有联系，又有区别。

道家和道教，两个词中都有一个"道"字，这就是它们的关联之处。第一，虽然道教吸收兼容了儒家、民间巫术等各种传统思想以及佛教思想，但道家思想还是道教最根本的基础，若非如此，道教充其量就是一种民间信仰，不可能形成儒、释、道三足鼎立的局面；第二，道教的信仰和崇拜对象，除了民间固有的神灵之外，许多是“道家”理念和人物的神化（如太上老君等）；第三，道教以道家思想为旗帜，吸引许多仰慕老庄的文人入道。许多道教人士对道家理论的传承和创新有过卓越的贡献。

道家和道教虽然存在多方面的联系，但它们的区别也是明显的。第一，道家作为一种思想流派，崇尚大道，主张“惟道是从、道法自然”，主要从事的是学术活动和其他政治文化活动，奉《道德经》《庄子》《黄帝四经》等为经典。而道教作为一种宗教，有其神仙崇拜与信仰，有一系列的宗教仪式与活动，追求的是“长生不老”，其主要典籍是《道藏》。第二，道家重视不言之教，没有严格的组织和师承关系，但道教却非常讲究师承关系，有教徒与组织，其主要派别的传承是大致清楚的。第三，道家虽然提倡兼容百家，但都是以道家为主，融会贯通而成，而在道教那里，更多的却是“以丹为主解道”“以儒为主解道”甚至“以佛为主解道”，传统民间信仰的意味很浓。

由上可见，道教作为一个宗教流派，一方面继承了道家的哲学思想，另一方面又吸收了大量的神仙信仰和宗教方术。其中有合理的部分，也有不合理的部分。《红楼梦》即非常尊重道家思想，但对道教的态度大为不同，多有批评、揶揄之词。

比如，作者对贾敬的求仙活动作了辛辣的讽刺。服食金丹是道教活动的重要方式。为了成仙，贾敬放弃爵位，入道静修，因误服金丹，结果“腹中坚硬似铁，面皮嘴唇烧的紫绛皱裂”。书中便说他“参星礼斗，守庚申，服灵砂，妄作虚为，过于劳神费力，反因此伤了性命”。曹雪芹还批判了以道士、道姑身份图财谋权的人，如趋炎附势、投机钻营、现掌道录司印的“终了真人”张道士，油嘴滑舌、专卖假膏药牟利的“王一贴”王道士，更有为了几两碎银、不惜害人性命的马道婆。虽然他们的品质还有高下之分，并非完全一类，但统统不受作者的欢迎，这一点却是很清楚的。

佛道不分，亦僧亦道

《红楼梦》有什么样的宗教观？是佛教还是道教？回答这个问题还真不是很容易。

小说一开始就把我们弄糊涂了，最先出场的两个角色居然是“一僧一道”。僧人和道士，本来道不同不相为谋，很少凑在一块儿，作者为什么要让他们联袂出场？更奇怪的是，在之后的岁月里，他们也往往是并肩战斗，很少单干。

书中第一回，一僧一道看见甄士隐抱着英莲，那僧便大哭起来，向甄士隐道：“施主，你把这有命无运、累及爹娘之物抱在怀里作甚？”甄士隐抱着女儿转身要走，那僧指着他大笑，道是：“惯养娇生笑你痴，菱花空对雪澌澌。好防佳节元宵后，便是烟消火灭时。”后来果然就在元宵节，英莲不见了。继而一系列的变故，导致甄士隐穷病交攻，眼见不保。一日甄士隐拄了拐，挣扎着到街前散心，忽见那边来了一个跛足道人，口内念着《好了歌》。悟了道的甄士隐将道人肩上的搭裢抢过来背上，跟着道人飘飘而去。

第三回，黛玉进了贾府，跟自己的外祖母说起自己的身体，黛玉道："从会吃饭时便吃药……总未见效。那一年我才三岁，记得来了一个癞头和尚，说要化我去出家，我父母自是不从。他又说：'既舍不得他，但只怕他的病一生也不能好的！若要好时，除非从此以后总不许见哭声，除父母之外，凡有外亲，一概不见，方可平安了此一生。'"这是癞头和尚第二次出镜。

第十二回，贾瑞害了单相思，为凤姐捉弄，病入膏肓。道士拿着"风月宝鉴"来救他，可惜贾瑞不听道士之言，精泄而亡。

第二十五回，马道婆施魇魔法加害宝玉和凤姐。就在贾府上下无计可施之时，来了一僧一道，将宝玉的玉取来，持诵念经，摩弄了一回，说了些疯话，递于贾政说道："此物已灵，不可亵渎，悬于卧室槛上，除自己亲人外，不可令阴人冲犯。三十三日之后，包管好了。"宝玉和凤姐果然好了。

第六十六回，柳湘莲情伤尤三姐，致三姐自刎之后，掣出剑来，将万根烦恼丝一挥而尽，随那道士不知往哪里去了。

第一百一十五回，贾宝玉的宝玉再次离奇丢失，那和尚送还宝玉，并引领宝玉再次神游幻境，悟仙缘。

以上是《红楼梦》一僧一道出场的场景。有时僧道同时出场，有时分别出场。来无影，去无踪，神龙见首不见尾。

很明显，这"一僧一道"担负度人迷津、点化众生的责任。而且每到关键节点，他们便飘然而至，实乃作者着意之安排。但是，这两位启悟者形象是相似的，角色功能是一样的，如果不是作者强贴的标签，读者根本搞不清哪个是僧，哪个为道。他们其实完全可以合二为一，由一个人（或僧或道）来担任这启悟角色的。但是作者为什么要如此设计呢?

《红楼梦》中，像这种佛道不分、亦僧亦道的情况非常常见。

荣宁两府内就佛道并存：王夫人整日间吃斋念佛；贾敬一心炼丹求道；第二十九回张道士向贾母请安时，竟“哈哈笑道：无量寿佛”；第十二回贾瑞看到跛足道士时，却大叫“菩萨救我”！十二钗唯一的尼姑妙玉最喜欢的却是庄子的文章；宝玉一次参禅，一次袭《庄子因》，真搞不懂他到底是信佛还是信道；因果报应不独佛家专利，道家也深谙此道；贾迎春遇到烦恼时会用道家的《太上感应篇》来排解；秦可卿出殡，既有一班和尚，又有一班道士，榜上还大书：“……四大部州至中之地，奉天永运太平之国，总理虚无寂静教门僧录司正堂万虚，总理元始三一教门道录司正堂叶生等，敬谨修斋朝天叩佛！”佛道二教不仅和平共处，而且还一起出榜，一起朝天叩佛！

“太虚幻境”是《红楼梦》中的一个重要“景点”，但这“景点”里的布置却很混乱，佛道不分。贾宝玉神游太虚境的目的，警幻仙姑说得明白：希图宝玉经过一番梦幻而“有所觉悟”。这与贾宝玉最终“悬崖撒手”、出家为僧的结局是吻合的。但是，警幻仙姑赋中有云：“瑶池不二，紫府无双”。警幻仙姑显然是道家的神仙。而且，太虚幻境及众仙女的意象多是来自道教故事。道教故事中的仙境多是山清水秀，奇花异草，雕梁画栋，金碧辉煌；太虚幻境也是“珠帘绣幕，画栋雕檐，仙花馥郁，异草芬芳”。道教故事中的仙女多是容颜绝世，美丽非凡；而警幻仙姑及众仙女也是“荷袂蹁跹，羽衣飘舞，姣若春花，媚如秋月”。在这里，道教的意象却表达着佛教的思想。

“风月宝鉴”的意象设置也是一样的情况。“风月宝鉴”显然借鉴了道教故事里关于道士的方术法器的描写。道教认为，镜子“金水之精，内明外暗”，所以一切魑魅魍魉都不能在它面前隐匿。妖魅可以假托人形，以眩惑人目，但“唯不能于镜中易其形”。镜子成了道士们降怪伏魔的最主要法器。道士们炼丹时挂镜，作法时也挂镜，并写了《上清明鉴要经》《洞玄灵宝道士明镜法》来宣扬镜的神秘威力。但是，“风月宝鉴”的意义指向，却体现着佛教的精神。它借助了“红粉”与“骷髅”的意象鉴戒人们：尘世里的那些人们孜孜追求的享乐都是虚而不实、流而不居的，沉溺其中只会戕害人的本性，甚至毁损人的生命；只有觉悟其“骷髅”的本质，方可全性保真、得道成佛。

特别令人奇怪的是，第一回中充满了浓重的悲观出世精神的“好了歌”，竟是从一个“疯狂落拓，麻鞋鹑衣”的跛足道人口中道出！道教作为中国的传统宗教，是在我国古代的传统信仰、迷信方术和某些社会思潮的基础上形成的。从思想内容说，主要导源于古代的鬼神崇拜、神仙方术和秦汉时的黄老学说。与佛教相比，在人生观念上，佛教视人生为苦海，以涅槃为解脱，道教则以生为乐，以成仙为人生终极追求。“释云无生，道言不死”“佛法以有形为空幻，故忘身以济众；道法以吾我为真实，故服食以养生”。道教极力地描绘仙境的美好和神仙的自由飘逸，极力地宣扬鬼魅精怪的丑恶可怖，极力地渲染道士的法力和法术的灵异。它所带给人们的不是一种达者的恬静与安详，而是一种热烈与迷狂的情绪，一种由人的本能——生存欲与享乐欲转化而生的对于神仙世界的追求。道教不以“了”为“好”，而以不“了”、以得道成仙为人生的最高理想。因此，“好了歌”从跛足道人口中道出，颇有些张冠李戴、不伦不类了。

由此可见，《红楼梦》表现出的宗教观念是含混模糊的，作者对佛道两教并没有严格地加以区分，我们很难简单说它是佛是道。《红楼梦》的宗教观念更接近于中国古代的民间宗教观念。它所反映出来的佛道混杂的宗教现象，就是中国民间宗教信仰的原生态呈现。

考察中国古代民间的宗教信仰，可以发现一个很有意思的现象，中国人对宗教往往采取的是一种实用主义的功利态度，什么神仙对我有用我就信什么。正所谓见庙就进，见神就拜，而不管拜的是佛教的观音、道教的天师，还是像孔子、关公、祖先这些神圣化的人。中国自远古时期就有巫筮占卜的传统，所以中国人往往迷信，“信鬼神之实有”；但中国人又深受儒家文化的熏陶，孔子不否认鬼神的存在，但却“子不语怪力乱神”“敬鬼神而远之”，并说：“不知生，焉知死？”所以中国人对鬼神又若即若离、将信将疑。这就导致中国人很难终身只信奉一种宗教，只信仰一个神祇。更普遍的情况是，中国人什么都信，反正搞不清楚哪位是真神，干脆见神就拜，多拜几个神仙总是有益无害的。这可能就是中国古代民间宗教的现状，混乱、驳杂、庸俗，却充满人间的气息。所以《红楼梦》里有人信道，有人拜佛，人死了，既请和尚又请道士来做法事，和尚干着道士的事，道士口里念的却是“阿弥陀佛”，如此种种僧不僧、道不道、僧道不分的现象，其实都是当时社会宗教观念和宗教活动真实的、原生态的反映。

冰冷的人生哲学

《红楼梦》是一部文学作品，不是一部哲学著作。文学是感性的，哲学是理性的。文学是温润的，哲学是冰冷的。所以我们只能把它当文学书来欣赏，而不能把它当哲学书来研究。

当然《红楼梦》也有哲学方面的一些思考，这种哲学思考正是它超越同时期其他言情小说的一个重要方面。但是，一方面，《红楼梦》的所谓哲学思考并不具备超越性和创新性，它只是在用文学的形式诠释、注解传统的佛道理论；另一方面，这种哲学思考也不是追问形而上的宇宙本源问题，而是重点关注形而下的现实人生问题，它集中思考的是人生的经验、人生的智慧、人生的真相。所以，实际上，《红楼梦》是在用传统佛道的理论来给我们讲人生的道理。

那么《红楼梦》给我们讲了哪些人生的道理呢？

第一个道理，人生是虚无的、空幻的。这是整部小说要表达的中心思想，是作者反反复复、不厌其烦要告诉我们的人生道理。这个观念来自佛教的“色即是空，空即是色”，也来自庄子的“无无”“夫恬淡寂寞，虚无无为，此天地之平，而道德之质也。”

作者告诉我们，人的一生，有如一场幻梦，在这幻梦里，我们会经历各种各样的事，也会遇见各种不同的人。我们可能会生于富贵之家，过着衣食不愁、舒适逍遥的生活；我们也可能会遇到一段美好的感情，两个人情投意合，山盟海誓，不离不弃；我们可能从政入仕，飞黄腾达，平步青云，文则为相，武则为将，威风凛凛，志满意得；我们也可能是一个成功的商人，家财万贯，富可敌国，出则扈从如云，入则妻妾成群，声色犬马，仿佛为一人所享用。但是，梦终究会醒的，我们切不可被这表面的、暂时的热闹繁华所迷惑，等到幻梦一醒，所有的这一切都将烟消云散，归于虚无。所以我们要做一个清醒的人，要有认清人生真相的智慧；我们要做一个勇敢的人，敢于拨去迷雾，正视人生的真相。

第二个道理，人生是变化的、辩证的。这是佛家讲的“人生无常”“因果轮回”，也是道家讲的“祸兮福所倚，福兮祸所伏”“曲则全，枉则直；洼则盈，敝则新；少则得，多则惑”。

作者告诉我们，“水满则溢，月盈则亏”虽然是自然规律，但也是人生的道理。人不管做什么事情，都不能太满、太极端，要留有余地。福气不可以享尽，权势不可以占尽，富贵不可以用尽。我们在春风得意的时候，不要忘了昔日的龌龊不堪；欢天喜地的时候，要以“乐极生悲”警醒自己，极喜之日往往就是极悲之时；富贵的时候，不要忘了衣食无着的漂泊辛酸；热闹的时候，要明白人群散去，留下的是长久的冷清、寂寞。

人之所以痛苦，往往是由于欲望太多，不知餍足。多少人“身后有余忘缩手”，当官总嫌当得不够大，费尽心机往上爬；经商总嫌赚钱不够多，挖空心思，贪得无厌；甚至在情感方面，总嫌对方爱自己爱得不够多、不够深，不知付出，索要无度。殊不知登高跌重，过犹不及，自然界花无百日之红，社会中人也不可能一辈子顺风顺水、心想事成，等到有一天官丢了，钱没了，所爱之人也离去了，“眼前无路想回头”时，却也悔之晚矣！古往今来，这样的例子太多太多了。《红楼梦》就是一本生动的教科书，里面有各种各类的案例引以为戒。只可惜太多的读者看不明白，看明白了也不愿身体力行，不断上演着“登高跌重”“福兮祸兮”的人生悲喜剧。

第三个道理，人生是先验的、命定的。这是佛家讲的“命中注定”，也是庄子讲的“事之变，命之行也”“知其不可奈何而安之若命”。

《红楼梦》是一部充满宿命感的书。作者告诉我们，人生有命，富贵在天。所谓死生存亡、穷达富贵、贤与不肖，一切都是命中注定，不可改变的。“自古穷通皆有定，离合岂无缘？”你是为官还是经商，是读书还是务农，一生是否顺达，你会遇见哪些人，会和什么样的人结婚，表面上是你自己的选择，实际上都是老天爷早就安排好了的。这就是命运。

那么面对先天的宿命，我们该怎么办？什么是正确的人生态度？作者告诉我们，凡事要顺其自然，不可强求。人生在世，不如意事往往十之八九，称心的少，烦恼的多。如果我们一味地自怨自艾，抱怨命运的不公，拒绝命运的安排，那么只会增加我们的痛苦。唯一的办法，就是我们要敢于承认人生的不圆满，坦然面对命运的安排。顺其自然，顺时而变，与命运和解，以一颗平常心来面对所有的黑暗、不公和不如意，安之若素，处之泰然。我们不能改变自己的命运，但我们却可以改变我们的心态。庄子说：“日出而作，日入而息，逍遥于天地之间，而心意自得。”我们可能很贫穷，很低微，很辛苦，但只要我们拥有高贵的精神和自由的灵魂，我们仍然可以快乐地生活，在不如意的世界里作逍遥游。

民间一直有“少不读红楼”之说。年少的时候我们读《红楼梦》，眼里只有贾宝玉、林黛玉，只有他们缠绵悱恻、生生死死的爱情；只有那一个个令人魂牵梦绕目迷神移貌美如花、气质如兰的女子。至于作者宣扬的所谓“人生如梦”“世事无常”之类的大道理，我们一律不予理会。作者写这些东西干什么呢？不过是烟云模糊笔法、故弄玄虚罢了，谁会当真呢？即便小说的结局写到黛玉泪尽而亡、宝玉出家为僧，我们也只会感叹他们爱情的不幸，而不会觉悟到人生的虚无。直到我们慢慢变老，经历过许多世事沧桑，跌过几个跟头，尝尽人间炎凉，再读《红楼梦》，感受便与年少时大为不同。我们的眼中，不仅有热闹的红尘、美好的爱情、人间的乐事，还有爱而不得的苦痛、难以预料的祸福、白茫茫一片真干净的大地。

年少时读《红楼梦》，就像小说中的那块刚入世的石头，充满了对人间的热爱、对美好爱情的渴求；年老时读《红楼梦》，则像悟道出家的宝玉，充满了“人生如梦”“人生有命”的幻灭和“世事无常”“登高跌重”的教训。《红楼梦》讲的人生哲理，理性而冰冷，往往只有年长时才会看得明白、悟得通透。

《红楼》以后无情书

云空未必空

据现在仅有的一些资料可以推断，曹雪芹出生在一个富贵之家，小的时候曾过了一段钟鸣鼎食、锦衣纨绔的生活，后来家道中落，他的生活逐渐陷入困顿，晚年甚至到了要借钱买酒、举家食粥的地步。科举考试肯定不顺，没有任何文字记录显示他曾任过一官半职。可以想象，这种由大富大贵而堕入大贫大贱的生活经历，必然造成了他灵魂的震颤和心理的失衡，同时诱发了他对人生、对生命的痛苦思索。

中国古代知识分子的性格往往具有两面性，即所谓的“外儒内道”。一方面，他们是在以儒家文化为主体的文化氛围中成长起来的，儒家的“天行健，君子以自强不息”的思想铸造了他们积极进取、奋发有为的人生态度和经世治国、出将入相的价值取向。杜甫的“致君尧舜上，再使风俗淳”，范仲淹的“先天下之忧而忧，后天下之乐而乐”，顾炎武的“天下兴亡，匹夫有责”，都体现了这种人生态度和价值取向。但是，另一方面，中国知识分子受佛道的影响又非常深，一遇挫折，常常极易灰心，进而转向佛道老庄里去求得心灵的慰藉与解脱，求得人格的尊严与精神的自由。“故达人高士，涉世既倦，往往有托而逃。若夫为老氏而至于登仙，为释氏而至于证果。”所以中国的知识分子，“达则兼济天下”，顺利的时候是儒家，是积极的、入世的，这是他们性格的主色调；不顺的时候是道家，“穷则独善其身”，是消极的、出世的，这是他们性格的次色调。他们没有一个不是儒家的，没有一个不想建功立业、光宗耀祖的；中国的知识分子又没有一个不受到佛道思想的影响，骨子里都深藏着一颗安贫乐道、归隐田园的隐逸之心。外而儒，内而道，达而儒，穷而道，这基本上就是中国知识分子的群体性格特征。

曹雪芹的性格中自然也有这种两面性。他不是天生的悲观主义者。他的性格底色仍然是儒家的。否则，他不会因“无材补天”而自怨自叹，他也不会因己之不肖而“愧则有余，悔又无益”。只不过现实人生太残酷了，家道中落，半生潦倒，一事无成，理想破灭，他彻底成了一块弃之不用的顽石。阅尽沧桑之后，他必然逃向佛道，去寻求心灵的慰藉，去寻找人生的答案。佛教讲“人生如梦”“人生无常”“色即是空，空即是色”，道家讲“有就是无”，“无”才是世界和人生的本质，这些观念必然深深影响他对宇宙、对人生的看法。“扬州旧梦久已觉”，当他从佛道出发，觉悟到人生的虚无和空幻感之后，转而“发愤著书”，希图敷写一个故事来表达自己的这种觉悟。他要写一本觉悟之书。这种觉悟也就成了小说的主要创作思想，也就是小说的主旨。前面也已用了大量篇幅来论述这个问题。

然而，正像中国大多数知识分子虽亲近佛老，但绝不可能成为佛教徒、道教徒，而对现实人生总怀有一种挣不脱斩不断的情缘一样，曹雪芹对人生不只有空幻感和绝望感，而且也充满了诗人的热情和遐想。他“欲洁”但未必真“欲洁”，“云空”但未必真“空”——从某种意义上说，小说中的妙玉就是曹雪芹矛盾创作心态的象征。现实是难以挣脱的，过去又是那样的美好，那样的令人难以忘怀。“秦淮风月忆繁华”“废馆颓楼梦旧家”；过去的一切，虽都如流水般逝去，却像抹不去的梦魇一样留存在作者的记忆里，深深刺痛着他敏感的心灵。面对现实的衰落、凄凉、贫困，追忆昔日的繁华、热闹、富贵，固然会令人有一种“人生如梦”的空幻之感，但今与昔的强烈对比，又何尝不能加深对昔日美好生活的眷恋之情呢？

曹雪芹的这种既“看破红尘”，又眷恋人生的矛盾心态，反映在创作上就是：一方面，他试图根据自身的亲身闻见编写一个故事，通过这个故事来表达自己对人生的一种哲思；而另一方面，在展开具体叙述之后，作者又忍不住沉醉于美好往事的回忆之中，以致常常放纵自己的笔墨，尽情地敷写着那些“红尘乐事”，那些“儿女真情”，而忘记了初衷。于是我们看到，《红楼梦》在整体安排上有一个梦幻构架，但在整体的梦幻构架里，它又以生动细腻的笔触，充满无限热情和浪漫地描写了现实中许多人和事：那钟鸣鼎食、温柔富贵的豪华生活，那上慈下孝、其乐融融的人伦亲情，那晨风夕月、阶柳庭花的儿女闲情，那你试我探、卿卿我我的风月情怀，那吟诗结社、猜谜斗草的风雅韵事……梦幻框架规范制约着这些现实描写，但这些现实描写又以其蓬勃的朝气和活力力图冲破梦幻框架的拘囿，向读者展现出人生的美好与魅力！梦幻与人生、出世与入世、觉悟与痴迷、色与空，这些充满矛盾的范畴在小说中互相斗争、互相纠结、互为消长！而这些，正是作者创作思想的巨大矛盾在小说中的反映。

“无材补天”与“发愤著书”

曹雪芹为什么要写《红楼梦》？他写《红楼梦》的目的是什么？

从已知的零星史料和小说中流露出的蛛丝马迹，我们可以大致推断，曹雪芹是一个落魄的公子哥，一生潦倒，一事无成，不知道参加过科举考试没有，估计是参加过的，但肯定没有考中过。祖上虽然辉煌过，但到了他这一辈，圣恩早已照顾不到他了，所以他的仕途也肯定不顺利，最终只能以平民之身终老。

但从《红楼梦》中，我们也可以知道，曹雪芹可绝不是“潦倒不通世务，愚顽怕读文章”。对社会、对人生、对世情、对人性，他不仅了解深入，看得也极为通达、透彻；而论做文章，他不仅“通”，而且水平极高，堪称千百年第一文字高手。试想这样一位饱学之士、文坛奇才，他岂肯庸庸碌碌、无所事事了此一生？既然无材补天，不能走仕途经济报效朝廷、光宗耀祖，那何不著书立说，借文字一吐半世块垒、一抒胸中怀抱、一展平生所学？故而作者于蓬牖茅椽之下，绳床瓦灶之间，穷困潦倒之际，用了十年之久，“字字看来皆是血”，写就了这部伟大的作品。

中国自古以来，就有“发愤著书”的传统。司马迁在《报任安书》中说：“古者富贵而名摩灭，不可胜记，唯倜傥非常之人称焉。盖文王拘而演《周易》；仲尼厄而作《春秋》；屈原放逐，乃赋《离骚》；左丘失明，厥有《国语》；孙子膑脚，《兵法》修列；不韦迁蜀，世传《吕览》；韩非囚秦，《说难》《孤愤》；《诗》三百篇，大抵圣贤发愤之所为作也。此人皆意有所郁结，不得通其道，故述往事、思来者。及如左丘无目，孙子断足，终不可用，退而论书策，以舒其愤，思垂空文以自见。”司马迁所列诸人，都是由于人生受到重大挫折，或壮志难酬，或忠而见逐，或遭人嫉害，心有郁结，转而著书立说，以舒其愤，以文自见。

司马迁著《史记》，又何尝不是如此？公元前99年（天汉二年），李陵出击匈奴，兵败投降，汉武帝大怒。司马迁虽与李陵并不熟识，但他以为李陵“有国士之风”，投降是不得已而为之，出于道义，主动为李陵辩护，却因此触怒了汉武帝，获罪被捕，被判宫刑。宫刑是当时最严厉的一种刑罚，被人视为奇耻大辱，“为乡党戮笑，污辱先人，亦何面目复上父母之丘墓乎？”“每念斯耻，汗未尝不发背沾衣也”。（司马迁语）无端遭此大难，司马迁内心的愤懑、痛苦、屈辱可想而知。他决意含垢忍辱，把全部的心血用于撰写《史记》一书。经过长期坚持不懈的努力，司马迁终于写成了这部“究天人之际，通古今之变，成一家之言”的伟大史书。司马迁是一个史书作者，他的文字一般理性、克制、简约。但《报任安书》一文不同，司马迁在文中详细记述了自己为什么冤受腐刑、为什么隐忍苟活、为什么发愤著书的心路历程，字里行间充溢着委屈、激愤的情感，至今读来仍觉得字字锥血，想为太史公一哭！

中国古代文人自幼受儒家文化熏陶，安邦定国、济世安民、“穷则独善其身，达则兼济天下”“学成文武艺，货与帝王家”是所有文人的人生理想。他们多是坚定的理想主义者。孔子周游列国，四处贩卖他的救世之道，“知其不可而为之”；屈原怀抱救国理想，坚贞不屈，“虽九死其尤未悔”；诗仙李白也并不是天生的逍遥派，他曾有远大的政治抱负，“天生我材必有用”，希望能“申管晏之谈，谋帝王之术，奋其智能，愿为辅弼，使寰区大定，海县清一”。天宝元年，当42岁的李白收到唐玄宗诏他入京的诏书时，欣喜若狂，以为实现政治理想的机会到了，赋诗高呼，“仰天大笑出门去，我辈岂是蓬蒿人”，其满怀豪情溢于纸上。范仲淹的“先天下之忧而忧，后天下之乐而乐”，张载的横渠四句“为天地立心，为生民立命，为往圣继绝学，为万世开太平”，更是体现了古代文人治国安邦的政治理想。

但是，理想很丰满，现实很骨感。许多才华横溢的文人往往时乖运蹇、壮志难酬。孔子虽被后世奉为“万世之师”，但当初却不见容于列国，“惶惶如丧家之犬”；屈原忠而见逐，空有一番爱国热情，最后只能在悲愤绝望中投江自沉；李白才高八斗，诗书满腹，但一辈子不为朝廷所用，郁郁不得志；苏轼则为政敌所不容，一贬再贬，“问汝平生功业，黄州惠州儋州”既是诗人的自嘲，又是他坎坷命运的真实写照。

杜甫有诗云：“文章憎命达”，时乖运蹇，仕途坎坷，固然是古代文人个人的不幸，但他们却因此“发愤著书”“赋到沧桑句便工”，给我们留下了无数优秀的文学作品。古人说人生理想有“三不朽”，曰：“立德、立功、立言”，既然不能见用于当朝，立功于当时，何不将平生所学，付诸文字，立言于千秋万世？《三言二拍》“众名姬春风吊柳七”中，柳永自解为什么改名“柳三变”时有段话：“我少年读书，无所不窥，本求一举成名，与朝廷出力，因屡次不第，牢骚失意，变为词人。以文采自见，使名留后世足矣。”虽是小说中的戏谑之语，但也道出了古代文人发愤著书的原因和目的。孔子作《论语》，屈原赋《离骚》，司马迁作《史记》，李白、杜甫、苏轼的诗文，等等，无一不是如此。

曹雪芹作《红楼梦》，当亦是如此。二知道人曾将曹雪芹与司马迁相比较，认为他们都是“同一穷愁著书”，接着又将曹雪芹与蒲松龄、施耐庵进行比较：“蒲聊斋之孤愤，假鬼狐以发之；施耐庵之孤愤，假盗贼以发之；曹雪芹之孤愤，假儿女以发之；同是一把辛酸泪也。”他认为曹雪芹与蒲松龄、施耐庵一样，虽然所写的内容不一样，但都是在“发愤著书”，通过小说寄予了作者满腔的“孤愤”之情。这是很有见地的评论。

曹雪芹的“孤愤”是深刻而广泛的。他既为自己“无材补天”的人生际遇愤懑不甘，又为他热爱的“红尘乐事”遭到毁灭扼腕叹惜，更为不可捉摸的无常命运感到无可奈何。《红楼梦》既是一本表达人生觉悟之书，也是一本人生记录之书，还是一本展示才学的小说。

曹雪芹目睹自己的家族由兴盛到衰败的全过程，亲历许多美丽的女子、美好的事物最后都逃不脱被摧残、被毁灭的结局，这种大起大落、大喜大悲的生活经历，必然会让他产生人生如梦、生命无常的虚无感，进而觉悟到“色即是空，空即是色”的人生真谛。《红楼梦》，从开头到结尾，反反复复告知读者的就是这种觉悟。所以从这种意义上说，《红楼梦》是一本“觉悟之书”。

作者虽于人生有彻底的觉悟，但他忘不了他曾经经历过的富贵荣华，忘不了大观园，忘不了大观园里那群美丽、善良、聪颖的女子，所以作者倾注了无限的热情，浓墨重彩、细致入微地去描摹他曾经历过的人和事。所以作者开篇说自己写《红楼梦》，除了悔“罪”之意外，还是为“闺阁中历历有人，万不可因我之不肖，自护己短，一并使其泯灭也”，意在为红楼女子立传，使之传于后世。《红楼梦》又名《石头记》，正是表明小说是作者的人生记录之书。

一部《红楼梦》，就是一部清朝社会的百科全书。文学方面，无论诗词歌赋、对联匾额，还是酒令笑话、戏曲说书，无一不是精心构撰，显示出了作者极高的艺术造诣；其他方面，诸如琴棋书画、医卜星相、房屋建筑、花木盆景、针线烹调，都包罗无遗，显示了作者广博的社会知识和丰富的人生阅历。作者之所以这样写，固然是小说写作的需要，但恐怕也有以此来展示、炫耀自己的知识、才华之意。作者满腹的才华，却无人可识、无处可用，他只能借助《红楼梦》一书来尽情地展示。所以《红楼梦》又可以说是一部才学之书。

比曹雪芹稍早的蒲松龄，在谈到写作《聊斋志异》的目的时，明言自己是在寄托“孤愤”：

独是子夜荧荧，灯昏欲蕊；萧斋瑟瑟，案冷疑冰。集腋为裘，妄续幽冥之录；浮白载笔，仅成孤愤之书。寄托如此，亦足悲矣。嗟乎！惊霜寒雀，抱树无温；吊月秋虫，偎阑自热。知我者，其在青林黑塞间乎！

蒲松龄一生郁郁不得志，虽十九岁即以县考、府考、院考三个第一闻名，但此后屡试不第，直到七十一岁才列贡生。此种经历，其压抑、苦闷可想而知。作者集腋成裘，浮白载笔，假借狐仙鬼怪以说世道人情，写成《聊斋志异》一书。然而，书虽成，谁又能知道他著书的用心，谁又能理解他的一腔孤愤呢？“知我者，其在青林黑塞间乎！”作者发出的这种诘问，沉痛而悲凉，其心之苦，令人潸然泪下。那么，曹雪芹会不会也发出这种诘问呢？知曹公者，又会是谁人？难道也只能在“青林黑塞间”吗？为之一叹。

《红楼》以后无情书

曹雪芹的思想是极为矛盾的，反映在创作上，他一方面在书中宣扬“色即是空，空即是色”的悲观主义思想，但在另一方面，作者笔下的“色”却又不是“空”，不是“白茫茫大地真干净”；而是春光明媚，是花团锦簇，是生气勃勃，是令人心驰神往，令人魂萦梦绕的真实人生！作者努力宣扬的“空”，在现实人生具体展开之后，却被他企图否定的“色”所淡化、所消解。“色”不但不能使人解脱，使人觉悟，相反，往往使人对人生更痴迷、更执着。这也许是作者始料未及的。

《红楼梦》对现实人生的书写是立体的、全方位的，涉及生活中的方方面面，因而呈现出来的内容非常斑驳庞杂。但无论作者怎么写，自始至终离不开一个“情”字。如果说，小说的总体创作主旨是“色空”思想，那么在这个总体指导思想之下，在他展开现实人生的描写之时，“情”又成了创作的主旨。《红楼梦》正是围绕着这个“情”字来展开其庞大的现实主义描写的。作者在广阔的社会背景里，运用细腻生动的笔触，深刻描写了情的美好、情的追求、情的毁灭、情的痛苦与情的无奈。“情”是《红楼梦》现实描写的灵魂，是联结人物与情节之“纲”。所以作者开篇即借空空道人之口，说全书“大旨不过谈情”。

《红楼梦》是一部情书吗？古往今来的读者，恐怕绝大多数会认同这个观点。历来有很多评论者也持这种观点。脂评本第一回“甲戌眉批”云：“以顽石草木为偶，实历尽风月波澜，尝遍情缘滋味，至无可如何，始结此木石因果，以泄胸中悒郁”。回末总评又云：“出口神奇，幻中不幻。文势跳跃，情里生情。借幻说法，而幻中更自多情，因情捉笔，而情里偏成痴幻。”郯嬛山樵先生云：“雪芹先生之书，情也，梦也，文生于情，情生于文者。”花月痴人说得更直截了当：“同人默庵问余曰：‘《红楼梦》何书也’？余答曰：‘情书也’。”他进一步解释说：“作是书者，盖生于情，发于情，钟于情，笃于情，深于情，恋于情，纵于情，囿于情；癖于情，痴于情；乐于情，苦于情；失于情，断于情；至极于情，终不能忘乎情。惟不忘乎情，凡一言一事，一举一动，无在而不用其情。此之谓情书。”汪大可甚至说：“《红楼》以前无情书，《红楼》以后无情书，旷观古今，《红楼》其矫矫独立矣！”

明朝中叶，我国思想界涌动着一股人性解放的思想，而它的主要内容就是以情抗理，高扬“情”的价值与意义。汤显祖自谓创作传奇是“以情作使”，宣称“情有者理必无，理由者情必无”“情不知所起，一往而深，生者可以死，死者可以生。”颜元也云：“人为万物之灵，而独无情乎？故男女者，人之大欲也，亦人之真情至性也”。曹雪芹显然受到了这种思想的影响。《红楼梦》里几次提到《西厢记》，就是一个例证。有一次写宝玉、黛玉共读《西厢记》，作者设置了一个非常富有诗情画意的读书场景：当宝玉来到沁芳闸桥旁边在那里看《西厢记》，正值桃花飘落的时候，“只见一阵风过，树上桃花吹下一大斗来，落得满身满书满地皆是花片”。作者安排宝玉在这样美好的一个环境里读书，显然体现了他对《西厢记》的喜爱和推崇。难怪连一向高傲尖刻的黛玉，看了也是爱不释手，觉得“词句警人，满口余香”！这哪里是黛玉的读书感受，分明是作者自己感受到的“余香满口”。

《红楼梦》“大旨谈情”，重点自然是男女之情。但它所谈的男女之情，不是指“皮肤滥淫之情”，而是指脱离了肉体之欲的精神上的爱恋。它是一种更纯净、更纯粹、基于共同性情和共同价值观的精神之爱。《红楼梦》中有一种“意淫”理论。第五回写贾宝玉梦游太虚境，警幻仙子说贾宝玉是“天下古今第一淫人”，把宝玉吓了一跳。警幻仙子于是解释道：“淫虽一理，意则有别。如世之好淫者，不过悦容貌，喜歌舞，调笑无厌，云雨无时，恨不能尽天下美女供我片时之趣兴，此皆皮肤淫滥之蠢物耳。如尔则天分中生成一段痴情，吾辈推之为‘意淫’。‘意淫’二字，惟心会而不可口传，可神通而不可语达。”警幻所说的“意淫”，其实就是我们所说的精神之爱。所以《红楼梦》对那些“皮肤淫滥之蠢物”，像贾琏、薛蟠、贾珍之流，都是持否定贬抑的态度。贾瑞为什么会被作者“写死”？就是因为他欲心太重，病入膏肓还不忘在风月宝鉴里与凤姐数番云雨。他对凤姐的喜欢，既无基础，又无情感，只是悦其颜色，意图不轨。所以作者就早早地把他给写死了。相反，作者极力推崇的是像宝玉、黛玉这样的情爱，虽然朝夕相处，相爱极深，但他们之间从无非分之想，越轨之举。他们只是单纯地彼此喜欢，只是追求着精神上的相契和愉悦。这就是作者推崇的“情而不淫”之情。

《红楼梦》写情，又不仅于男女之情，它还写了人伦亲情、儿女闲情、闺阁之情等各种情。作者认为，举凡人间一切美好的东西，都是值得人喜欢的“情”。作者写贾宝玉，“但凡女子，俱当珍重”，他喜欢身边的每一个女孩。姐妹、亲戚喜欢，丫鬟、戏子也喜欢；认识的人喜欢，不认识的人也牵挂；不仅喜欢人，连身边的一花一草也喜欢。宝玉的这种性格，正是寄予了作者对情的理解。所以作者在爱情之外，还写了各种各样的情，这些情与男女的爱情一起，共同构建了一个庞大的“情天恨海”。

众所周知,《红楼梦》有三条主线,一条是贾宝玉、林黛玉的爱情,一条是贾府由盛而衰的过程，一条是以金陵十二钗为主的众儿女的命运。这三条线，也都指向一个“情”字，贾宝玉、林黛玉的故事自然指向“爱情”，贾府那条线指向“人伦亲情”，众儿女命运那条线则指向“儿女闲情”。作者既以热烈浪漫的笔调描写了至死不渝的爱情，又用温暖愉快的笔触描写了那些同样值得人眷恋、值得人珍惜的人伦亲情、儿女闲情。既展现了“情”的美好，又描写了“情”的毁灭，描写了那些“非情”的力量对“情”的摧残。《红楼梦》又名《情僧录》，突出了一个情字，是有道理的。

爱情的细节

《红楼梦》的爱情写得好，写得动人，一个重要原因，在于它的细节描写。

细节是小说的生命。没有细节的小说，就像是只有骨架没有血肉的躯干。它可能很高大，但却干瘪、呆板，没有生命的活力。

《红楼梦》正是运用了大量的细节描写，把宝黛二人那种春心萌动、你试我探、彼此牵挂、生死相许的爱情刻画得细致入微，缠绵悱恻。

《红楼梦》第三回，写贾宝玉、林黛玉二人美好的初见。只见二人一见面，居然彼此都觉得熟悉，一个觉得“这个妹妹我曾见过的”，一个觉得“象在那里见过的”。这个细节，虽然是印证还泪之说，显得有些神秘，但是，读者并不会觉得是纯粹的无稽之谈。爱情一事，本来就难以捉摸，不可用常理来解释。人的一生，你会遇到什么样的人，你会遇到一段什么样的感情，其实是很偶然的，是很多偶然的因素造成的。所以人们往往相信缘分，相信“缘定三生”，相信“百年修得同船渡”。甫一见面便觉熟悉，又有何不妥？爱情不就是这样的吗？我们多少人遇到真爱，不都是初见如遇故人，满心生欢喜吗？所以这个细节，看似无稽，其实很打动读者。

《红楼梦》第二十九回“多情女情重愈斟情”，写贾宝玉和林黛玉因为张道士提亲之事，两人各有心思，互生误会。贾宝玉自幼就和林黛玉耳鬓厮磨、心心相对，“早存了一段心事，只不好说出来”，因而每每或喜或怒，都会变尽法子试探黛玉。林黛玉本是敏感，又有些“痴病”，也常常用假情试探宝玉。两人将真心真意隐藏起来，都只用假意互相试探，结果“两假相逢，终有一真”，所以这次竟然口角起来，双方情绪都很激动。宝玉一急，又是要摔玉，又是要砸玉。黛玉见宝玉如此，又气又急，竟然把吃的东西都吐出来了。

小说有一段写两个人的心理活动：

贾宝玉心里想，别人不知我的心，还可恕，难道你就不想我心里眼里只有你？你不能为我解烦恼，反来拿这话来堵噎我，可见我心里时时刻刻白有你，你心里竟没我了。

而黛玉却想，你心里自然有我，虽有金玉相对之说，你岂是重这邪说不重人的呢？我就时常提这金玉，你只管了然无闻的，方见的是待我重，无毫发私心了。怎么我只一提金玉的事，你就着急呢？可知你心里时时有这个金玉的念头。我一提，你怕我多心，故意儿着急，安心哄我。

贾宝玉这里想着：我不管怎么样都好，只要你随意，我便立刻因你死了也情愿。你知也罢，不知也罢，只由我的心，可见你方和我近，不和我远。

而林黛玉却又想：你只管你，你好我自好，你何必为我而自失？殊不知，你失我自失。可见是你不叫我近你，有意叫我远你了。

这段描写，把一对初恋期的男女相互爱慕、你试我探的微妙心理刻画得细致入微、委婉曲折、生动感人。读至此，读者也必会心一笑，恋爱中的人们，谁没有这样一些小心思呢？

《红楼梦》第三十二回“诉肺腑心迷活宝玉”，有一个段落，写林黛玉在前似有拭泪之状，宝玉追了上去，“瞅了半天，方说道：‘你放心！’黛玉听了，怔了半天，说道：‘我有什么不放心的？我不明白你这个话。你倒说说，怎么放心不放心？’宝玉叹了口气，问道：‘你果然不明白这话？难道我素日在你身上的心都用错了？连你的意思若体贴不着，就难怪你天天为我生气了。’黛玉道：‘我真不明白放心不放心的话。’宝玉点头叹道：‘好妹妹，你别哄我，你真不明白这话，不但我素日白用了心，且连你素日待我的心也都辜负了。你皆因都是不放心的原故，才弄了一身的病了。但凡宽慰些，这病也不得一日重似一日了。’黛玉听了这话，如轰雷掣电，细细思之，竟比自己肺腑中掏出来的还觉恳切，竟有万句言语，满心要说，只是半个字也不能吐出，只管怔怔的瞅着他。此时宝玉心中也有万句言词，不知一时从那一句说起，却也怔怔的瞅着黛玉。两个人怔了半天，黛玉只‘咳’了一声，眼中泪直流下来，回身便走。宝玉忙上前拉住道：‘好妹妹，且略站住，我说一句话再走。’黛玉一面拭泪，一面将手推开，说道：‘有什么可说的？你的话我都知道了。’口里说着，却头也不回，竟去了。”几句对话，把两个人微妙复杂的心情描摹得入木三分。多少读者读至此，都会感动不已。世间有多少惊天动地的爱情故事，不一定能打动我们，但偏偏是两个男女的一段普通对白，却会让我们泪湿眼眶。这就是细节的力量。

《红楼梦》第三十四回“情中情因情感妹妹”，写林黛玉见贾宝玉因挨打伤痕累累，痛惜不已，去看望宝玉，“两个眼睛肿得桃儿一般，满面泪光”，半天才说了一句话：“你可都改了罢！”这句话，饱含了黛玉对宝玉多少的怜惜和爱意。她岂是希望宝玉真的悔改前非？但如果不改，宝玉岂不还会挨打？那时她又该有多伤心？心疼却又无奈，矛盾心绪尽在一语。这一节，还写有黛玉题帕的事。贾宝玉因黛玉来看望，深为感动，又记挂着黛玉，便悄悄让晴雯送两条旧手帕子给她。林黛玉体会出手帕子的意思来，不觉神魂驰荡，又喜又悲，于是研墨蘸笔，在手帕上题诗三首。

其一

眼空蓄泪泪空垂，暗洒闲抛却为谁？
尺幅鲛绡劳解赠，叫人焉得不伤悲！

其二

抛珠滚玉只偷潸，镇日无心镇日闲；
枕上袖边难拂拭，任他点点与斑斑。

其三

彩线难收面上珠，湘江旧迹已模糊；
窗前亦有千竿竹，不识香痕渍也无？

宝黛二人，此前虽久生情愫，相互爱恋，但从未挑明。但这次因宝玉挨打，一送帕，一题诗，彼此的心迹已表露无遗。宝玉送帕，借《西厢记》张生和莺莺的故事，表达自己的心意，手帕实为定情的信物；黛玉题诗，直抒胸臆，诗中之语大胆、直接、热烈，更是她爱情的表白。她不再含蓄，也不再顾忌，为何伤悲，泪为谁抛，她用三首诗作了深情告白。

第五十七回“慧紫鹃情辞试莽玉”，宝玉听紫鹃哄他说：林姑娘要回苏州去了。贾宝玉信以为真，竟眼直肢凉，“死了大半个”。黛玉一听宝玉不中用了，认为李妈妈是有经验的老人，她说不中用，可知必不中用了。于是，“哇”的一声，将腹中之药一概呛出，抖肠搜肺、炽胃扇肝的痛声大嗽了几阵，一时面红发乱，目肿筋浮，喘的抬不起头来。紫鹃忙上来捶背，黛玉伏枕喘息半晌，推紫鹃道：“你不用捶！你径拿绳子来勒死我是正经！”这一段，把黛玉对宝玉的爱描写得淋漓尽致。宝玉死了，黛玉也不能活，不想活，她是真正把宝玉的生命看得比自己的生命还重要。黛玉因宝玉而生，为宝玉而死，生生死死，一往情深，至死靡他！人生一世，若有这样一位女子，愿意为你生，为你死，愿意为你做一切的事，该是多么的幸运、幸福！

第九十七回“林黛玉焚稿断痴情”，黛玉听说宝玉大婚，绝望之余，要烧毁诗稿：

> 黛玉便拿那绢子指着箱子，又喘成一处，说不上来，闭了眼。紫鹃道：“姑娘歪歪儿罢。”黛玉又摇摇头儿。紫鹃料是要绢子，便叫雪雁开箱，拿出一块白绫绢子来。黛玉瞧了，撂在一边，使劲说道：“有字的！”紫鹃这才明白过来要那块题诗的旧帕，只得叫雪雁拿出来，递给黛玉。紫鹃劝道：“姑娘歇歇儿罢，何苦又劳神？等好了再瞧罢。”只见黛玉接到手里也不瞧，扎挣着伸出那只手来，狠命的撕那绢子，却是只有打颤的分儿，那里撕得动。紫鹃早已知他是恨宝玉，却也不敢说破，只说：“姑娘，何苦自己又生气！”

黛玉微微的点头，便掖在袖里。说叫点灯。雪雁答应，连忙点上灯来。黛玉瞧瞧，又闭上眼坐着，喘了一会子，又道："笼上火盆。"紫鹃打量他冷，因说道："姑娘躺下，多盖一件罢。那炭气只怕耽不住。"黛玉又摇头儿。雪雁只得笼上，搁在地下火盆架上。黛玉点头，意思叫挪到炕上来。雪雁只得端上来，出去拿那张火盆炕桌。那黛玉却又把身子欠起，紫鹃只得两只手来扶着他。黛玉这才将方才的绢子拿在手中，瞅着那火，点点头儿，往上一撂。紫鹃唬了一跳，欲要抢时，两只手却不敢动。雪雁又出去拿火盆桌子，此时那绢子已经烧着了。紫鹃劝道："姑娘，这是怎么说呢！"

黛玉只作不闻，回手又把那诗稿拿起来，瞧了瞧，又撂下了。紫鹃怕他也要烧，连忙将身倚住黛玉，腾出手来拿时，黛玉又早拾起，撂在火上……

这一段描写，把一个多情的女子面对爱情的背叛时，那种既爱又恨，既决绝又不舍的痛苦心情刻画得淋漓尽致。多少读者读至此，会心痛不已，泪流满面。黛玉焚稿，是故事的高潮，也是小说写得最好的章节。所以我是绝不相信后四十回系他人续补的说法，如此精彩的篇章，唯有曹公方有此手段。

爱情是需要细节的。一句话，一个眼神，一个不经意的动作，可能都是爱的表达。宝黛之间的爱情之所以动人，就在于小说写了他们从初次相识到生死相许这中间大量的细节。因为这些细节，他们的爱情才显得真实，才有人间的烟火气；因为这些细节，他们的爱情才显得生动，有血肉，有灵魂。

三生石上旧精魂

贾宝玉、林黛玉的爱情，一开始便笼罩在一种神秘而又凄美的氛围中。

三生石畔，绛珠仙草为报神瑛侍者的甘露浇灌之恩，与神瑛侍者一起下凡为人，演出了一段至纯至深、缠绵悱恻的爱情故事。最后她泪尽而亡，实现了她“一生所有的眼泪还他”的诺言。

为爱而生，为爱而死。因爱而泪，泪尽身亡。有什么爱情值得人付出生命的代价？有什么爱情值得人用一生的眼泪来偿还？还未及读宝黛的故事，只怕读者便已被这凄美的神话深深感动。

关于三生石，古代有一个故事。说的是富家公子李源与禅师圆泽相友善，他们相约一起去三峡游玩。船行到了南浦的时候，他们看到一位妇人正到河边用瓮打水。圆泽告诉李源说：妇人姓王，是我的托身投生之所。十三年后的中秋之夜，我会在杭州天竺寺再和你见面。圆泽说完很快就死了，后妇人果然产下一子。十三年后，李源如约来到西湖天竺寺，忽然听到有牧童歌曰："三生石上旧精魂，赏月吟风莫要论；惭愧情人远相访，此身虽异性长存。"又歌曰："身前身后事茫茫，欲话因缘恐断肠；吴越山川寻已遍，却回烟棹上瞿塘。"李源听了，便知这牧童就是圆泽的转世。至今在杭州西湖天竺寺外还有一块三生石，据说那里就是当年李源和圆泽转世相会的地方。

这个故事很平常，讲的是两个男人的友情故事，带有浓厚的宿命色彩。虽然故事并不感人，但"三生石"这个意象，却新鲜别致，有一种直击人心的冲击力。

关于三生石，还有一种说法，说人死后要上黄泉路，黄泉路上有条忘川河，河上有座奈何桥，奈何桥边有块石头，这块石头就叫三生石，记录着人的前世今生和姻缘八字。这种说法虽没什么情节，却比上面的故事更容易引起人们的共鸣，别有一种打动人的力量。

三生石真的存在吗？人的姻缘真的是前生注定、早就写在三生石上吗？现在的读者，多已不信什么鬼神、轮回；但若谈到姻缘，恐怕大多数人态度就没有那么坚决了。很多人都觉得姻缘一事神秘难测，似乎冥冥之中真的有股力量在主宰着人的离合悲欢。的确，每个人的姻缘充满了偶然。大千世界，茫茫人海，谁会是你的意中之人？谁会和你走入婚姻的殿堂？谁又可以与你白头偕老？一切都是未知，一切都存在巨大的偶然性。就像宝玉、黛玉，两个人青梅竹马，相爱至深，"今生偏又遇着他"，当然是有"奇缘"；但是，他们最终只能劳燕分飞，难成眷属，"心事终虚化"，这又是没"奇缘"了。宝玉、宝钗也是如此，若说两人无缘，却拜了天地，结为了夫妻；若说有缘，婚后的宝玉“到底意难平”，出家为僧，留下宝钗一个人独守空房。相爱的人难成眷属，不相爱的人却成了夫妻；成了夫妻却也是有缘无分，最终半路而散、各奔东西。为什么会这样？究竟是什么原因造成了三个人的爱情悲剧？找不到理由，找不到答案，我们似乎只能将之归咎于命运的捉弄。一切都是命中注定，一切早已记录在三生石上。等有一天，我们上了黄泉路，来到了奈何桥，看到了自己的三生石，才会恍然大悟，我们苦苦追求的爱情，竟早就被命运安排好了结局。这实在是一件特别令人沮丧又无可奈何的事！

“还泪”一说，更是新奇，自古以来就没有听说过要用眼泪来还人的。若非有过一段痛彻心扉的爱情经历，怎能想象出如此新奇、凄美的比喻来？读者读到此处，往往会感动落泪。世间的爱人，大抵不都是在“还泪”吗？要知道，爱情固然美好，但除了美好的一面，它还有痛苦的一面，而且往往美好的时光短暂，痛苦的时候居多。爱得愈深，往往痛苦也愈重。特别是世间的爱情，往往难遂人愿，彼此相爱的大多走不到一起，这种苦更是甚于黄连，甚至要用一辈子来品尝。因而很多人的恋爱，竟像是在泪水中泡着走过来的。正可谓不是冤家不聚头，上辈子欠他的，这辈子要用眼泪来还他。宝玉、黛玉两个人那么相爱，但过程却充满了痛苦和眼泪，尤其是最后的悲剧结局，更是痛断肝肠，黛玉竟泪尽而亡，终于将一生的眼泪都还给了宝玉。宝黛的爱情如此，世人的爱情又何尝不是如此？世间有多少有情人最后难成眷属？世间又有多少人因为错失真爱而一辈子隐隐心痛？读者看宝黛的故事，同时也在看自己的故事；读者为宝黛哭，实际上也是为自己而哭。

“三生石”加“还泪”的叠加意象，既新奇又凄美，具有巨大的情感冲击力。作者以此作为宝黛爱情的缘起，既能够引起读者的强烈“共情”，又极大地增强了小说的艺术魅力。这是作者写爱情的高明之处。

儿女最美是闲情

《红楼梦》除了主要描写贾宝玉、林黛玉之间的爱情外，还用大量笔墨记录了大观园内众女儿的“闺阁闲情”。在作者笔下，大观园仿佛是一个世外桃源，在这个世界里，生活着一群纯洁美丽而又聪慧多情的女孩们。她们性格各异，爱好不同，但一个个“如是水做的一般”，清爽可爱。她们的日常生活多姿多彩，社交活动也很是丰富，或吟诗作赋，或斗草猜谜，或猜拳行令，或打闹逗趣，充满了生活的情趣。

宝钗被人评为“冷”，说她性格内敛，行事沉稳。按说她应该是一个兴趣单调、很无趣的人。但实际上她可不是如此。她读书多，知识广。宝玉赞她“无书不知”，探春说她是个“通人”。她知道戏书中的《寄生草》，读过《太上感应篇》，最喜欢杜子美的诗。虽然作诗比不过林黛玉，但第二名的位次，也非她莫属。她在家里的时候，基本上都是在做针线活，有时做针线活做到三更。她搬回家的理由也是要帮母亲做针线活。有一次，她到宝玉那里，不一会儿工夫，帮袭人绣了“两三个花瓣”。她对打络子也很熟悉，对颜色、花式，和什么搭配最好看，看上去比莺儿还要拿手。她会摸骨牌，会围棋；她懂点医道，家里放着损伤之后用的特效丸药，治病用的人参；她还会管理当铺，识得当票。这样一个女子的日常，你会觉得单调、无趣吗？

探春性格豪爽，敢做敢当，是个女中豪杰式的人物。她喜欢热闹，海棠社就是她发起组建的。从她写的结社帖子看，她还是个诙谐、调皮的女子：“孰谓雄才莲社，独许须眉；不教雅会东山，让余脂粉耶？若蒙棹雪而来，敢请扫花以俟。”难怪宝玉看了，不禁拍手而笑。她喜欢书法，她房间里的摆设说明了这一点。她也做女红，比如为宝玉做了双鞋。她擅于管理，一丝不苟，雷厉风行，是个管家理财的高手。

湘云肯定是喜欢读诗、写诗的，她对建诗社非常积极，两首海棠诗也写得很好。她也做针线，比如帮着袭人做个扇套、香袋什么的，婶婶有时把家里的针线活也会派她一部分。她另有个喜好，那就是叽叽咕咕说话，迎春曾说，“我就嫌他爱说话，也没见睡在那里还是咭咭呱呱，笑一阵，说一阵，也不知那里来的那些话”。

妙玉喜欢收集梅花上的雪。冬天的时候，梅花开了，她便去收梅花上的雪，放在鬼青脸的瓮里，这可能是她最喜欢做的事情。除此之外，她喜欢研究茶道，什么器具配什么茶，什么人喝什么茶，她都有一番讲究。自然她也喜欢读诗书，有一次听见湘云和黛玉对句，也忍不住参与进去，对出了好多妙句。迎春、惜春对诗都不大感兴趣。迎春喜欢下棋，喜欢在屋子里安安静静读《太上感应篇》；而惜春则喜欢画画，虽然水平不高，但也是小姑娘的一种爱好。

所以大观园的这些女孩子的日常生活，并非我们想象的那样单调、乏味，想想还是挺有趣的。我们再来看看她们的社交生活。

《红楼梦》多次写到女子们的社交活动，有时斗诗题咏，有时斗草猜谜，有时猜拳行令，有时打闹逗趣。规模最大、也是最有趣的一次社交活动，应数海棠结社。小说用了两回的篇幅来写这件事。

海棠结社由探春发起，启帖一发，群起响应，宝玉、黛玉、宝钗、李纨、探春、湘云等人纷纷参加，好不热闹！诗社的活动内容是：参加的人先要给自己起个别号，然后分别以海棠、菊花和螃蟹为题，开展写诗比赛。第一次以海棠为题，黛玉、宝钗各有千秋，“若论风流别致”，自是黛玉；“若论含蓄浑厚”，又是宝钗的好些。其实除了她俩，探春、湘云的诗也写得不错，探春诗中有“芳心一点娇无力，倩影三更月有痕”句，湘云诗中有“自是霜娥偏爱冷，非关倩女欲离魂”句，词句清新，皆有可观。第二次咏菊，李纨评黛玉的诗“题目新，诗也新，立意更新了，只得要推潇湘妃子为魁了”，黛玉毫无争议夺魁。不过马上持螯赏桂，宝钗以一句“眼前道路无经纬，皮里春秋空黑黄”赢得众人喝彩，又扳回一局。大观园的诗社活动，既雅致，又热闹；见性格，又见才情，可谓是世上最有品位的社交活动。

除了社交活动，《红楼梦》还写了许多女孩子们相互打闹嬉戏的场面。

第四十九回“脂粉香娃割腥啖膻”，众姐妹齐往芦雪亭作诗，独不见湘云、宝玉二人，李婶来报告道：“怎么那一个带玉的哥儿和那一个挂金麒麟的姐儿，那样干净清秀，又不少吃的，他两个在那里商议着要吃生肉呢……”众人听了，都笑道：“了不得！快拿了他两个来。”黛玉笑道：“这可是云丫头闹的，我的卦再不错。”这里借李婶的误解，反映了少女们涉趣好逗的情趣，其追逐嬉闹的情景活现眼前。宝玉、湘云烧生鹿肉时，平儿来了，湘云便拉住平儿，平儿“见如此有趣，乐得玩笑”“便要先烧三块吃”。被鹿肉的香气吸引过来的李纨问：“客已齐了，你们还吃不够吗？”只顾痛吃畅饮的湘云却说道：“我吃这个方爱吃酒，吃了酒才有诗。若不是这鹿肉，今儿断不能作诗。”尤其传神的是，她对“站在那里笑”的宝琴说：“傻子！你来尝尝！”短短六个字，将湘云的热情爽快和浓情异趣和盘托出。不一会儿，凤姐也赶来，笑道：“吃这样好东西，也不告诉我！”说着，也凑着一处吃起来。黛玉于是站在一边嘲谑道：“那里找这一群花子去！罢了，罢了！今日芦雪亭遭劫，生生被云丫头作践了。我为芦雪亭一大哭！”湘云不甘示弱，反讥道：“你知道什么！是真名士自风流，你们都是假清高，最可厌的。我们这会子腥的膻的大吃大嚼，回来却是锦心绣口。”宝钗这时也打趣道：“你回来若作的不好了，把那肉掏了出来，就把这雪压的芦苇子揌上些，以完此劫！”俏语娇音，情趣盎然。戚本在这回书的总评中说：“一片含梅咀雪文字，偏从雉肉鹿肉鹌鹑肉上以渲染之。点成异样笔墨。”作者“锦心绣口”，借烧吃生鹿肉这一新鲜有趣的事件，把大观园里女孩子们逗闹嬉逐、笑耍嘲谑的欢快融洽气氛描写得生动真切、淋漓尽致，极富生活的情趣。

六十二回“憨湘云醉眠芍药裀”，宝玉过生日，钗、黛众姐妹在大观园自由自在地欢乐玩笑、行令划拳，那种美好的情景令人目驰神游，心向往之。这且不提，单看作者写湘云醉酒之后——

> 正说着，只见一个小丫头笑嘻嘻的走来：“姑娘们，快瞧云姑娘去！吃醉了，图凉快，在山子后头一块青板石凳上睡着了。”众人听说，都笑道：“快别吵嚷！”说着，都走来看时，果见湘云卧于山石僻处一个石凳子上，业经香梦沉酣，四面芍药花飞了一身，满头脸，衣襟上，皆是红香散乱，手中的扇子在地下，也半被落花埋了。一群蜂蝶闹穰穰的围着。他又用鲛帕包了一包芍药花瓣枕着。众人看了，又是爱，又是笑，忙上来推唤挽扶。湘云口内犹作睡语，说酒令，嘟嘟囔囔说：泉香而酒洌，玉盏盛来琥珀光，直饮到梅梢月上，醉扶归，却为宜会亲友……

这是一幅多么美丽、多么动人的美女醉酒图啊！这不像是小说，倒像是一幅画，一首诗，全是画的意境，诗的语言。人与花，花与人，彼此映衬，交融一体，构成了一幅情趣盎然、赏心悦目的景象，充分展现了闺阁女子的可爱动人。

最难相处的一对父子

父子关系，往往是世界上最难相处的关系，有时比婆媳关系还难处理。

父亲往往严厉，儿子往往叛逆；父亲霸道横蛮，儿子倔强不羁；父亲望子成龙，儿子却不求上进；父亲讲究循规蹈矩，儿子却是调皮顽劣。这样的一对父子，天天在一个屋檐下，能不起冲突吗？

贾政、贾宝玉，就是这样典型的一对父子。

贾政见到宝玉，不是呵斥，就是责骂。宝玉见到贾政，则像老鼠见到猫，吓得魂儿都不在身上。读者因为喜爱贾宝玉的缘故，往往指责贾政对贾宝玉过于严厉、苛刻，是“假正经”。特别是第三十三回，贾政因为贾宝玉种种顽劣行径，又气又恼，差点把宝玉打个半死：

贾政一见，眼都红紫了，也不暇问他在外流荡优伶、表赠私物；在家荒疏学业、淫辱母婢等语，只喝令“堵起嘴来！着实打死！”小厮们不敢违拗，只得将宝玉按在凳上，举起大板，打了十来下。贾政犹嫌打轻了，一脚踢开掌板的，自己夺过来，咬着牙，狠命盖了三四十下。众门客见打的不祥了，忙上前夺劝。贾政那里肯听，说道：“你们问问他干的勾当可饶不可饶！素日皆是你们这些人把他酿坏了，到这步田地还来解劝！明日酿到他弑君杀父，你们才不劝不成！”

读者读至此，往往一方面心疼宝玉，一方面痛骂贾政，说他出手太重，不近人情，岂止是严厉，简直是狠毒、暴戾，完全是暴君形象。

果真如此吗？不可否认，贾政这个父亲当得的确不咋地，他不知道怎么样当好一个父亲。他完全不了解自己的儿子，不了解儿子的性格、喜好，也不了解儿子的能力、才华。他只是在按自己所理解的“儿子”的形象来要求宝玉。所以他不可能当好父亲的角色。但是，我们不能因为他当父亲不称职，就认为他对宝玉只有嫌恶没有父爱，只有冷酷没有温情。事实上，天下父母没有不爱自己的孩子的，他对宝玉有爱、有温情，他责骂、毒打宝玉，完全是一种“恨铁不成钢”“爱之深，责之切”的表现。他的爱，更深沉、内敛，往往以爱的反面形式呈现出来，也因此往往为读者所误解。

贾政是“假正经”吗？当然不是。不管是为人父、为人夫、为人子，他从未装腔作势，假模假样，而只是按照自己的本色行事。贾政之政，是正经之正，是正派、正统之正。贾政是一个标准的封建士大夫形象，也是一个标准的封建社会的父亲形象。他就是一个寻寻常常、普普通通的父亲。古代社会讲“父父子子”，讲“父为子纲”，父亲在父子关系中处于绝对统治、支配的地位，教育孩子不讲究方式方法，往往是想打就打，想骂就骂。而且这种教育方式往往受到社会的鼓励，所谓的“子不教，父之过”“棍棒底下出孝子”，古人相信只有通过棍棒才可以把孩子教育成才。贾政对宝玉，采取的就是这种父亲们常用的棍棒教育的方式。所以，正像我们不能否认封建社会的父亲们棍棒之下有父爱一样，我们同样不能否认贾政对宝玉除了严厉，还有父爱，还有人伦温情。这一点，从小说中的很多细节都可以看出来。

“宝玉挨打”那一回，贾政毒打宝玉之狠确有悖人情，但我们也要注意到，贾政在打了宝玉之后的痛苦心情：“贾政听了此话，不觉长叹一声，向椅上坐了，泪如雨下”“贾政听了，那泪珠更似滚瓜一般滚了下来”“贾政听了，也就灰心，自悔不该下毒手打到如此地步”。一部《红楼梦》，我们几时见过威严庄重有余的贾政如此动过感情？在贾政的泪水里，我们不是也可体味出一个父亲对儿子“恨铁不成钢”的痛苦与无奈吗？宝玉挨打，的确事出有因。先是宝玉与亲王府的优伶琪官结交，琪官逃跑，事情败露，亲王府派人上门要人；继而因他与母婢金钏儿调笑，被王夫人误会，执意赶走金钏，致使金钏儿羞愤投井；又赶上贾环添油加醋，恶意告密，如此种种，聚到一块，贾政岂能不急火攻心？愤激之下，出手重不重就顾不得了。贾政所为，就是一个父亲对儿子的正常管教，我们不可上纲上线，给他扣上“暴君”“卫道士”种种大帽子。

在宝玉挨打这一回，我们可以看到贾政除了是一位严父，他还是个孝子。小说这样写道：

贾政见他母亲来了，又急又痛，连忙迎接出来。只见贾母扶着丫头，喘吁吁的走来。贾政上前躬身赔笑道："大暑热天，母亲有何生气，亲自走来？有话只该叫了儿子进去吩咐。"贾母听说，便止住步，喘息一回，厉声说道："你原来是和我说话！我倒有话吩咐，只是可怜我一生没养个好儿子，却教我和谁说去！"贾政听这话不像，忙跪下含泪说道："为儿的教训儿子，也为的是光宗耀祖。母亲这话，我做儿的如何禁得起？"贾母听说，便啐了一口……贾政听说，忙叩头哭道："母亲如此说，贾政无立足之地。"贾母冷笑道："你分明使我无立足之地，你反说起我来！只是我们回去了，你心里干净，看有谁来许你打！"一面说，一面只令快打点行李、车轿回去。贾政苦苦叩求认罪。

贾母在贾政面前，又是厉声斥责，又是"啐"他，又是冷笑。贾政却丝毫不敢辩驳，只是一味地赔笑解释，甚至叩头哭着赔罪。在宝玉面前，他不苟言笑，声色俱厉；贾母一来，他马上小心翼翼，恭谨谦和，像变了一个人似的。前倨后恭，何以如此明显！也正是因为这种变化，一个孝子的形象栩栩如生，跃然纸上。试想，这样一个孝顺之人，他会是一个没有人伦情感的父亲吗？

事实上，在宝玉表现好的时候，这个古板的父亲表面上不动声色，内心里还是很高兴的。

第十七回“大观园试才题对额”，贾政有意试试宝玉的才学。第一处景点，宝玉题为“曲径通幽”，贾政笑道：“不可谬奖，他年小，不过以一知充十用，取笑罢了。再俟选拟。”再俟就是表示同意。第二处景点，宝玉改“泻玉”为“沁芳”，并题联：“绕堤柳借三篙翠，隔岸花分一脉香。”贾政听了，“拈髯点头不语”“点头微笑”。第三处景点，贾政先是鼓励宝玉“今日任你狂为乱道”，后见宝玉题“有凤来仪”，点头道：“畜生，畜生，可谓‘管窥蠡测’矣。”第四处景点宝玉改“杏花村”为“稻香村”，又被贾政一声断喝：“无知的畜生！你能知道几个古人，能记得几首旧诗……”两次骂宝玉“畜生”，真不知这“畜生”一词，在贾政那里，究竟是骂人之语，还是赞许之词？下面一处景点，贾政的表现更有意思。贾政见宝玉又在大放厥词，便命人“扠出去”，等宝玉刚出去，又喝命：“回来！命你再题一联，若不通，一并打嘴巴！”这一进一出，寥寥数语，把一个父亲内心欣喜，但又故作姿态的模样刻画得淋漓尽致，跃然纸上。

第七十八回“老学士闲征姽婳词”，也有相似的内容。贾政因年岁渐高，名利大灰，对宝玉的要求也没有以前那么高了：“近见宝玉虽不读书，竟颇能解此。细评起来，也还不算十分玷辱了祖宗。”“况母亲溺爱，遂也不强以举业逼他了。”所以有时把贾环、贾兰叫来，陪着宝玉写诗对作。到七十八回，贾政已改变很多了，他不再强迫宝玉去考科举，而是顺着宝玉的性情，陪他玩吟诗作赋的游戏了。这回写他“闲征姽婳词”，表面上说是奉旨应征，实际是找个借口，让宝玉再展其才，逗他高兴。用心可谓良苦！所以这次宝玉写诗，贾政居然亲自提笔抄录，爱子之情，可见一斑。虽然宝玉写的“姽婳词”，贾政仍然说“不好”“到底不大恳切”，但内心之高兴、赞许溢于纸上。

所以贾政对宝玉，有责骂，有棍棒，也有父子之爱，有人伦亲情。我们不能因为爱宝玉，就苛责一位父亲。他对宝玉的爱，比我们任何一位读者更真切，更深沉。

亲情织成一张网

《红楼梦》写“情”，一个重要的方面是写人伦亲情。

中国社会是一个极其重视人伦亲情的社会。所谓“血浓于水”，血缘关系把一个个家庭、一个个人联系在一起，形成一个声气相通、情感交融、荣辱与共的网络。在这个网络里，上下、尊卑、亲疏井然有序，讲究父慈、子孝、兄悌，讲究亲戚间的来来往往，互帮互助。一家有什么喜事，大家一起去恭贺，热热闹闹，普天同庆；一家遇到什么困难，大家有钱出钱，有力出力，共渡难关。所以中国人特别重视血缘关系，重视人伦亲情。说某个人“六亲不认”，是一个很严厉的批评。

《红楼梦》中，贾、史、王、薛四个家族，就是一个靠血缘亲戚关系联系在一起的网络，“一损俱损，一荣俱荣”，彼此扶持，相互照应。不过史、王、薛三个家族，似乎势力小些，所以慢慢地都聚到金陵的贾家来了。黛玉因母亲去世，孤苦无依，投奔到了贾府；宝钗要进宫待选，也住到了贾府；湘云自幼父母双亡，也常被贾母接到贾府来住。大观园本是贾家所建，却住了史家、薛家、林家等众多的亲戚。也因为如此，大观园里既热闹非凡，又始终弥漫着浓厚的人伦亲情。这种人伦亲情，不仅围绕着宝玉，也围绕着贾府其他人。如元春、迎春、探春、惜春以及黛玉、宝钗等人，她们之间，有兄妹之情，有姐妹之情，有祖孙之情，有母女之情，有亲戚之情，等等，这些人伦亲情流溢在贾府里，使大观园里充满了一种大家庭般的温暖。

第十八回“皇恩重元妃省父母”，写元春回贾府省亲，本是极富贵、极热闹的事，但亲人相见，却不是高兴，而是彼此伤心。元春“一手搀贾母，一手搀王夫人，三个人满心里皆有许多话，只是俱说不出，只管呜咽对泣”。元春虽然身为贵妃，富贵已极，却不能经常同父母亲人一聚，享受天伦之乐，这种痛苦非常人可以体会，用她自己的话说是：“田舍之家，虽齑盐布帛，终能聚天伦之乐；今虽富贵已极，骨肉各方，然终无意趣。”这次好不容易见上一面，下次见面还不知何时，自然伤心。元春又问起宝玉，“命他近前，携手揽于怀内，又抚其头颈笑道：‘比先竟长了好些……’一语未终，泪如雨下”。这是一幅多么温馨的场景，姐姐对弟弟的喜欢、关爱之情跃然纸上；这又是一幅多么令人伤感的画面，元春的一笑一哭，流露出了多少亲人难以相见的苦痛和思念。所以，元春临别时“拉住贾母、王夫人的手，紧紧的不忍释放”，真是“相见时难别亦难”啊！元春和父母兄弟之间的这种人伦亲情感人至深。

薛宝钗的亲哥哥薛蟠，有一个绰号叫“呆霸王”，是一个不学无术、横行霸道的纨绔子弟。薛蟠虽可恶，却并没有恶到六亲不认的地步。对待母亲，他算是孝顺的；对待妹妹，他也是用心宠爱的。有一次王熙凤和宝玉被赵姨娘和马道婆所害，中了邪魔，在一片混乱之中，薛蟠是最忙的一个，既要担心母亲被挤到，还要担心妹妹被外人瞧见。他外出做生意回来，也不忘给母亲和妹妹带礼物。礼物中间有一个泥捏的薛蟠的小像，宝钗最为喜欢，拿起小像仔细地看了看，又看看薛蟠，“不禁笑起来了”。宝玉挨打那次，宝钗误以为是哥哥告状害宝玉挨了打，薛蟠听后立刻急了，借着酒劲在家中吵闹起来，宝钗被薛蟠的话气哭了。薛蟠见妹妹哭了，便知道是自己莽撞了，也不再说了，回到自己房间休息去了。次日，薛蟠酒醒，对着妹妹又是作揖，又是请求原谅，发誓再也不同那些人喝酒闲逛了。“如今父亲没了，我不能多孝顺妈、多疼妹妹，反教妈生气、妹妹烦恼，真连个畜生也不如了。”薛蟠能说出这样的一番话来，可见他对待自己的母亲和妹妹，是真心看重的。由此可见，薛蟠虽可恶，却也不是一无是处。

《红楼梦》中，类似这些展现人伦亲情的地方非常多，比如贾母搂着林黛玉，担心黛玉被鞭炮吓着；贾政为博贾母开心，给贾母讲笑话；秦可卿为了弟弟秦钟的未来，尽心尽力为其筹谋打算；薛蟠犯事，宝钗几次三番为他奔走求人，想尽办法……

《红楼梦》除了写人伦亲情外，还写到了很多人与人之间的温情。金钏死后，贾政感到很是惊诧，问道：“好端端的，谁去跳井？我家从无这样事情，自祖宗以来，皆是宽柔以待下人……”这段话，我们不能认为是贾政的故作姿态，自我标榜，这确实是他的实话。正因为贾府总是“宽柔以待下人”，是“奴才”们最理想的去处和乐园，所以她们都不愿意离开贾府，甚至以离开大观园为耻。这也是金钏之死的重要原因。小说第十九回有这样一段话："二则，贾府中从不曾作践下人，只有恩多威少的。且凡老少房中所有亲待的女孩子们，更比待家下众人不同，平常寒薄人家的小姐也不能那样尊重的"——这是符合大观园的实际的。正因为如此，鸳鸯才可以三宣"牙牌令"，"破落户"凤姐也须敬她三分；平儿可以和凤姐大打出手，分庭抗礼；香菱可以学诗，而晴雯则可以撕扇来逞一时之乐……贵族大家的丫鬟们，她们处于社会的最底层，往往是受欺凌受侮辱的对象。但是在贾府里，我们很少看到这种现象，她们受到了"主子"们相当的尊重，甚至享有一般人难以拥有的人格的独立与尊严。贾府的仁慈，我们还可以从第十九回中袭人与宝玉的一段对话看出来。袭人告诉宝玉自己的家里人要赎她出去，宝玉说："老太太不放你也难。"袭人便说："……但只是咱们家从没干过这倚势仗贵霸道的事。这比不得别的东西，因为你喜欢，加十倍利弄了来给你，那卖的人不得吃亏，可以行得。如今无故平空留下我，于你又无益，反叫我们骨肉分离，这件事，老太太、太太断不肯行的。"宝玉听了，思忖半晌，乃说道："依你说，你是去定了？"宝玉思忖半晌而问的话，正说明他在心里认为袭人说得有理，知道"老太太、太太断不肯行的"。这正道出了贾府的宽柔待人的一面。

《红楼梦》对人伦亲情的渲染，让我们看到了人与人之间关系的美好。在冷酷的世界里，唯有这些人伦亲情能够温暖我们的心灵，成为支撑我们不断前行的强大力量。尽管这些美好的情感，最终都遭到了毁灭，但它们永远值得我们珍惜和留恋！

闺蜜是最长情的告白

闺蜜，即闺中密友，是女性的红颜、知己。真正的闺蜜是愿意陪你笑、陪你哭、陪你繁花似锦、陪你颠沛流离的。闺蜜情是友情，又无限接近亲情，它是人世间一种格外温暖动人的情感。一部写尽人间世情的红楼，闺蜜情也是其中最精彩的篇章。

最引人注目的闺蜜当数林黛玉和薛宝钗。按《红楼梦》中的人设，黛玉是世外仙姝，宝钗是山中高士；黛玉才情出众，宝钗贤惠过人；黛玉幽默风趣，宝钗温和恬淡，真正是芙蓉牡丹各有千秋。

这样两个出类拔萃的女孩，一相逢便因贾府众人“偏要分个高低”的心理，而明里暗里较劲着。这种较劲在两人都喜欢上宝玉后，上升为情敌之间的较量。黛玉对宝钗，几乎是严防死守，但凡宝玉和宝姐姐聊天玩耍，她要么尖酸讥讽，要么赌气使小性子。宝钗则是润物细无声，她给宝玉做肚兜、玉络子，把袭人发展成死党，时时在宝玉跟前刷存在感。

在元春省亲宴上，两人的争锋几乎“白热化”。宝玉因一人独作四首诗，正力有不逮之时，宝钗款款走来，慧眼识错，劝宝玉把“绿玉”改成“绿蜡”，以免元春不喜。而黛玉更绝，直接作弊，替宝玉写了一首《杏帘在望》，成为四首之冠，喜得元春直夸宝玉“果然进益了”。

然而，爱情是不会做选择题的，宝玉的心从一开始就在黛玉身上，也只会和她情定一生。宝钗黯然神伤，收敛起情思。黛玉明白了宝玉的心思，也收拢了一身的刺。两个优秀的女孩因为爱情的了然，关系竟发生了化学反应，开始惺惺相惜。

她们之间的变化源自一次行酒令。宝钗先说了四句诗词，后三句分别是杜甫的“水荇牵风翠带长”，李白的“三山半落青天外”，唐伯虎的“处处风波处处愁”。下一个轮到黛玉，按以往的惯例，才思敏捷的她定要“东风压倒西风”，争取赢得头彩。可没想到，鬼使神差，竟脱口而出“良辰美景奈何天”“纱窗也没有红娘报”。这两句诗分别出自当时的禁书《牡丹亭》《西厢记》。一个女孩子读这样的书，是很犯忌的。宝钗本可以借此机会让黛玉出丑，但她只是不动声色地暗示黛玉，直到第二天，才私下里“审问”：“好个千金小姐！好个不出屋门的女孩儿！满嘴里说的是什么？”冰雪聪明的黛玉羞得满脸飞红，满口央告：“好姐姐！你别说与别人，我以后再不说了。”

这是黛玉在宝钗面前难得的一次示弱，一下子击中了宝钗本就宽厚的心。她随之就和黛玉交换了小秘密：自己小时候也背着家人看遍了《西厢记》《琵琶记》《元人百种》等禁书，又真诚教导黛玉，

“最怕见了这些个杂书，移了性情，就不可救了” 。

黛玉仿佛找到了同类，心一下子就和宝钗贴近了。

此后，宝钗真正关心起黛玉。听说黛玉病了，她专程来探病，又掏心挖肺地说了一堆儿女体己话后又专程遣人送来燕窝。彻底被打动的黛玉当即就为此前的“小心眼”道歉：“……然我最是个多心的人，只当你有心藏奸。从前日你说看杂书不好，又劝我那些好话，竟大感激你。往日竟是我错了，实在误到如今。细细算来，我母亲去世的时候，又无姐妹兄弟，我长了今年十五岁，竟没一个人像你前日的话教导我。怪不得云丫头说你好，我往日见他赞你，我还不受用，昨儿我亲自经过，才知道了……”

这番交心彻底让黛玉、宝钗冰释前嫌，从情敌处成了闺蜜。她们不再为一个男人争风吃醋，你有你的执着，我有我的隐忍，彼此理解并尊重。她们也不再为一首诗、一支曲而争高下，你婉约我豪放，各有各的风采。她们把彼此当成温暖的依靠，宝钗处处维护黛玉，“忧心炳炳兮，发我哀吟。吟复吟兮，寄我知音”，这是宝钗对黛玉的怜爱。黛玉则认薛姨妈当妈，把宝琴当自己的妹妹，她们共饮一杯茶，共赏一轮月，关系好得连宝玉都吃醋。难怪《红楼梦》有“钗黛一体”之说，这大概是对她们“金兰契”最好的注释。

黛玉和湘云是另一对闺蜜，她们演绎的是青春小女孩闺蜜的模样：一路打打闹闹走来，友谊的小船说翻就翻，说荡起双桨，就推开波浪。

湘云和黛玉是一张床上睡大的“发小”。但这对闺蜜却总在拌嘴。黛玉打趣湘云说话爱“咬舌子”，分不清“二”和“爱”，湘云就还嘴，黛玉将来会嫁一个咬舌的“林姐夫”。有时湘云吵不赢口齿伶俐的黛玉，就激将说：“你自己便比世人好，也不犯着见一个打趣一个。指出一个人来，你敢挑他，我就伏你。”黛玉忙问是谁。湘云道：“你敢挑宝姐姐的短处，就算你是好的。我算不如你，他怎么不及你呢？”一句话让黛玉差点背过气去。

两人第一次真正赌气，是因为戏子龄官。宝钗生日宴上，凤姐指着龄官说：“这孩子扮上活象一个人，你们再瞧不出来。”众人皆看破不说破，只有湘云快人快语：是象林姐姐的模样儿。吓得宝玉对着湘云挤眉弄眼。宝玉的表现直接惹怒了湘云，觉得他心里只顾念一个林妹妹，摔手道：“我原不及你林妹妹，别人拿他取笑儿都使得，我说了就有不是。”黛玉觉得湘云取笑了自己，还背着说自己坏话，也把一腔气恼宣泄给了宝玉，弄得宝玉左右不是人，郁闷得去写偈语诗。不过黛玉并没有真生湘云的气，她拿着宝玉的诗去和宝钗、湘云共赏，三人一起打趣调侃宝玉。在打趣中，黛玉和湘云和好如初，晚间两人照样一块儿吃，一块儿住。

事实上，每次打闹拌嘴赌气，湘云是真，黛玉是假。湘云的真是因为在吃黛玉的醋。在黛玉进贾府之前，湘云是贾母最疼的娘家侄孙女，是宝玉两小无猜的小青梅。黛玉一来，不仅夺走了老祖宗的独宠，还抢走了她的“爱”哥哥，睡了她的碧纱橱。湘云感到失落，对黛玉抱有几分嫉妒，曾跟宝玉抱怨：“林姐姐来了后你都不搭理我了。”

黛玉却因为和“襁褓之间父母违”的湘云有着相同的身世，再加上湘云大大咧咧的男孩子个性，所以对湘云多有怜爱包容之心。即便后来湘云和宝钗亲近，甚至搬过去和宝钗同住，黛玉也从不和湘云真正计较。

路遥知马力，日久见人心。慢慢长大的湘云开始理解黛玉，真正认识黛玉。

抄检大观园事件，宝钗为避嫌，带着宝琴搬出大观园，丢下了跟着她一起住的湘云。宝钗的这种冷静决绝深深刺伤了湘云的心，但她什么也没有说。直到贾府最后一个中秋夜，已露衰败之相的家宴透着一股凄凉。在众人离去后，黛玉倚栏垂泪，湘云软语相慰，并对黛玉抱怨道："可恨宝姐姐、琴妹妹天天说亲道热，早已说今年中秋要大家一处赏月，必要起诗社，大家联句。到今日，便扔下咱们，自己赏月去了……"最后还提议："咱们两个竟联起句来，明日羞他们一羞！"

两个女孩便在凹晶馆的明月下，你一句，我一句，竟对出了"寒塘渡鹤影，冷月葬花魂"的佳句。直至下半夜，湘云又随黛玉回到潇湘馆，如儿时一般睡在一张床上，彻夜长谈至天亮。

这一晚，同为寄篱之人的黛玉与湘云，心境竟这般相同、相通。俗话说："敢吵架的才是好朋友，吵不散的才是真朋友。"黛玉和湘云，可不就是这样的朋友，两人从豆蔻年华吵成花季少女，如果岁月一直拉长，她们可能会一直陪伴着，吵下去，吵进彼此的生命里。

探春和宝钗是小姐阶层的第三对闺蜜。在《红楼梦》前八十回，和宝钗互动最多的就是探春，她们一起池边看鱼，亭边舞鹤，诗宴上一唱一和、互相"吹捧"。比之其他小姐心中只有风花雪月、诗词歌赋，探春和宝钗均是务实入世之人，且都格局较大，有治家之才。因而她们在某种意义上是一类人，是两个可以互相平视的灵魂，她们不需要谁受馈于谁，谁温暖谁，也没有谁不理解谁，她们俩相处得非常舒服自在。在共同管理荣国府的过程中，二人这种自在的友谊在并肩作战中得到了升华，成了好闺蜜。

同样是在抄检大观园事件中，面对宝钗的避嫌搬离，湘云是不理解赌气，而探春则是坚决支持。她当众说道：“很好。不但姨妈好了还来，就便好了不来也使得。”尤氏笑道：“这话又奇了，怎么撵起亲戚来了？”探春冷笑道：“正是呢，有别人撵的，不如我先撵。亲戚们好，也不必要死住着才好。”探春的话不太中听，但宝钗却非常坦然，这是因为探春道出了她内心真实的想法，是懂她帮她的举动。所以说，探春和宝钗是一对真正的志同道合、能力互补的红楼闺蜜。

《红楼梦》里还描写了许多对相处如同姐妹的小姐与丫鬟，比如凤姐与平儿、湘云与翠缕、迎春与司棋，但真正超越主仆关系，成为闺蜜知己的，唯有黛玉与紫鹃。

紫鹃自从被贾母派给黛玉，就对黛玉一心一意，巴心巴肝。她喜黛玉之所喜，忧黛玉之所忧；黛玉想到的，紫鹃会想到，黛玉想不到的，紫鹃也会帮黛玉想到。

在紫鹃身上，我们基本看不到一个丫鬟的奴性，而是对黛玉如姐妹般的深情。可以说她为黛玉的身体、爱情操碎了心。照顾黛玉的身体，紫鹃可以做到日夜服侍，毫无怨言，这也许是一个丫鬟的本分。但她面对的是一个多心、敏感、语言刻薄，经常因小心思而伤身、伤心的小姐，光靠无微不至是不够的。紫鹃的难得之处在于，对黛玉，她不仅要顾身还要治心。

黛玉最大的心病，就是和宝玉的爱情。这也是紫鹃最大的心事，她一直在默默谋划。最终，紫鹃冒着被贾母和王夫人指责甚至被赶出贾府的危险，用黛玉要回苏州的假话试探宝玉的心。结果令宝玉急火攻心犯了痴病，说出了一句沉甸甸的爱的承诺：“活着，咱们一处活着；不活着，咱们一处化灰，化烟。”这次爱情的“神助攻”，不仅让黛玉彻底安了心，还成功地将宝黛的爱情宣告于整个贾府。后来兴儿也说：“将来准是林姑娘定了的。……再过三二年，老太太便一开言，那是再无不准的了。”

紫鹃还不放心，又多次苦劝黛玉要趁贾母还在的时候定下终身大事，倘若老太太不在了，也只好凭人去欺负了。薛姨妈来看宝玉时，开玩笑说要把黛玉说给宝玉，紫鹃忙也跑来笑道：“姨太太既有这主意，为什么不和太太说去？”此时的她全然不顾及自己的丫鬟身份，也不顾薛姨妈是真话还是假意，为了黛玉的幸福，简直是豁出去了。

这个勇敢、善良、忠诚的女孩，成为黛玉在贾府生存的一束光，给了她无限的温暖和关爱。而黛玉也从未把紫鹃当下人看待，两人同吃同睡，同悲同喜。黛玉从不生紫鹃的气，即便紫鹃批评她“太浮躁了些”，还总是维护宝玉，说“宝玉只有三分不是，姑娘倒有七分不是了”。在黛玉焚稿一节中，黛玉对紫鹃的感情展现得淋漓尽致。黛玉挣扎着对紫鹃说：“妹妹，你是我最知心的，虽是老太太派你服侍我这几年，我拿你就当我的亲妹妹。”

黛玉和紫鹃的闺蜜情可以说是整部《红楼梦》里最真挚、最纯粹、最感人的友情，已近乎亲情了。

除了小姐与小姐，小姐与丫鬟之间存在闺蜜情，丫鬟与丫鬟之间也同样有真挚的友情。因为身处贾府最底层，无法掌控命运，更无法随心所欲地生活，相同的处境和身份让她们更容易抱团取暖，结成好闺蜜。

比如鸳鸯与司棋。书中没有过多描述二人的互动，但只一个情节，便将二人的闺蜜情诠释得真实动人。司棋被鸳鸯看到和表兄私会，又羞愧又害怕，加之表兄逃走，“又添了一层气”“恹恹的成了病了”。鸳鸯闻知，“心下料定是二人惧罪之故”，便主动来看望司棋，把屋里的人支走后，反而自己诅咒发誓“我若告诉一个人，立刻现死现报！你只管放心养病，别白糟踏了小命儿”，司棋感激涕零。宽心过后，鸳鸯告诫司棋：“你也是自家要作死哟！……从此养好了，可要安分守己的，别再胡行乱闹了。”

真正的闺蜜不就如同鸳鸯这般，为你保守秘密，真心化解心事，同时又诚心诚意劝诫。

还有袭人和平儿，佳惠与小红，芳官与柳五儿等，她们可以互相交换心事，可以互相保管钱财，可以在遇到事时全力维护……也许丫鬟们之间的友情故事不是那么多姿多彩、轰轰烈烈，但一样情真意切、美好动人。

也许每个女人都需要一个闺蜜，因为女人更懂女人，女人更怜惜女人，女人与女人之间更长情。

诗意大观园

诗意大观园

诗人顾城说：中国人创造了两个人间天堂，一个是陶渊明笔下的桃花源，一个是《红楼梦》中的大观园。

大观园就是《红楼梦》中的桃花源，就是曹雪芹心中的人间天堂。

大观园为元春省亲而建，小桥流水，曲径通幽，亭台楼阁，花树掩映，自是人间最美的去处。

众姐妹和宝玉成了大观园的主人，每个人都选择了一个诗意的小天地。黛玉潇湘馆里听竹音，宝钗蘅芜苑外闻香草，宝玉怡红院雨打芭蕉，探春秋爽斋外梧桐高，迎春紫菱洲上临秋水，惜春暖香坞内暖意浓，李纨稻香村里听取蛙声一片。

一座精美的园子，一个个如花般美好的女子，一个视女孩儿为无价之宝的护花使者，他们在四季的更替里演绎青春的诗情画意。

春天，宝玉、黛玉在桃花雨中并肩读西厢，两颗纯真的心开始驿动。桃枝摇曳，桃花妩媚，见证着爱情最美丽的样子。

夏天，醉得酣畅淋漓的湘云头枕花瓣，躺卧芍药丛中，红香散乱，蜂围蝶舞，美得不可方物。那不正是少女最娇憨的模样？

秋天，染霜的菊花引来竞相吟咏，一首首诗从潇湘妃子、蘅芜君、枕霞旧友、蕉下客的笔尖流淌而出。菊的高洁、菊的冷艳、菊的寂寞，一样的菊花，不一样的儿女情怀，都是对生命热情的礼赞。

冬天，粉妆银砌。翠栊庵外，宝琴身披凫靥裘，站在雪坡遥望，身后丫鬟抱着一瓶红梅，宛如一幅《艳雪图》，看呆了贾母众人。

如果说大观园是诗意的存在，黛玉就是诗中之魂，诗歌是她的第二生命。桃花坞旁，她肩扛锄头，手持花篮，香冢葬花，因花及人，唱出了一首感人肺腑的《葬花吟》。世外仙姝寂寞林，她和大观园同在，她把自己活成了一首诗。

滴翠亭外，“冷”宝钗一展小女儿活泼本色，和翩跹翻飞的蝴蝶相映成一首最娇俏的诗。“好风凭借力，送我上青云”，她把柳絮词翻唱得如此美好，又如此张扬。大观园给了宝姐姐滚烫的诗情，更给了她难得的放飞心性的空间。

诗才不如钗、黛的探春，却在大观园起了第一个诗社“海棠社”。由此，一个个诗人登场，海棠诗、菊花诗、桃花行、柳絮词……这些美好的女子在一首首诗词中肆意挥洒青春和才情，展露她们的一腔深情。

凹晶馆里，黛玉、湘云月下联诗，“寒塘渡鹤影，冷月葬花魂”，两个嗜诗如命的女子，妙语连珠，以诗情慰藉失怙之情。

栊翠庵里的“诗仙”妙玉，循着笛音踽踽而来，续写黛玉、湘云未完结的诗篇。“中秋夜联句”惊艳了那晚的月光。

即便那些诗才平平的女子，在这诗意迸发的大观园，也将隐藏的诗心尽情展露。李纨自荐担当海棠社社长，从此每开诗会，多是她出题限韵，赏诗评鉴，给出公道排名，每每让人心服口服。素来寡淡的李纨也在诗里找到了精神释放的旷野。

苦命香菱拜黛玉为师，苦学作诗，几近成魔。纵然生活从未对她展开过笑颜，诗歌却如同一道光，照亮并温暖了这个女孩凄苦的心灵。

贾宝玉是大观园里唯一的男子，也是最诗意的存在。他珍爱每一个园中的女子，在每一个女子面前都尽心留驻。他是她们的保护神，是她们的日月星辰。因为他，每一个女子都捧出一颗诗心，让大观园里氤氲万千诗意。他和黛玉的爱情更像是一首诗，三生石畔，情定终身，为爱而生，为爱而死，这样的爱情比诗更美，比诗更动人。

大观园最终遭到毁灭了。“三春去后诸芳尽，各自须寻各自门”，那些美丽的女子都消失在岁月的烟尘和命运的无常中。仿佛做了一场梦，大梦醒来，一切美好的事物都化为虚空。但是，这些女孩的情思、才华、如花般努力活过的生命，依然在诗歌里流连，让人嗟叹。这个如世外桃源般的大观园，这个充满诗情画意的大观园，也因此永远刻在了我们的心里，成为最令人心驰神往的人间天堂！

红楼有园名大观，胜景依稀桃花源。
回廊曲径通幽地，小桥流水映碧天。
咏菊吟柳诗意满，斗草赏月笑语喧。
莫道人生都一梦，繁华逝尽我独怜！

女子是水做的

《红楼梦》对女性的尊重和热爱是超越古代所有文学作品的。

古代女性受到封建礼教的压制，讲究“三从四德”，往往成为男人的附庸，社会地位非常低下。反映在文学作品中，女性的角色往往处于从属的、次要的地位，而且往往以受侮辱、受摧残、受指责的形象出现。

《三国演义》是一部男人的英雄赞歌，女性在其中存在感极差。为数不多的几个女子，要么是红颜祸水，如貂蝉、甄宓、邹氏、蔡夫人；要么是男人的附庸或是政治牺牲品，如大乔、小乔、孙夫人、糜夫人。作者对女性的定位，就如同刘备所说，“兄弟如手足，女人如衣服”，可有可无，无关紧要。

《水浒传》也是一本纯爷们的书，女人的存在感强了一点点，不仅女性的数量增多了，还出了几位女英雄。可遗憾的是，这些女性要么是不守妇道、谋杀亲夫的荡妇淫女，如潘金莲、阎婆惜、潘巧云、贾氏；要么是相貌粗鲁、杀人越货的女强人，如孙二娘、顾大嫂，虽是女中豪杰，但其行为做派，没有一点女人味，其实与男人无异。好不容易有个颜值不错的女英雄扈三娘，作者却让她嫁给了梁山好汉中最丑的男人矮脚虎，简直莫名其妙。唯一一个贤妻良母型的代表人物林冲娘子，最终也没能摆脱红颜祸水的谬论。

到了神魔小说《西游记》，女性人物越来越多，层次越来越广，天上人间妖界都有涉及。但这些女性都不可爱。神坛上的女性，诸如观世音、王母娘娘、嫦娥等，她们皆是女人的楷模、完美的化身，却是可望而不可即；人世间的女子，如唐僧之母满堂娇、宝象国公主、女儿国国王、天竺国公主等，形象单薄，并不能给人留下什么印象。《西游记》中活得最肆意、最潇洒的当数各色女妖精，如白骨精、蝎子精、黑狐精、铁扇公主等，她们对自己的欲望不加节制，是唐僧的狂热粉丝，而爱上唐僧的理由一是为男色，二是为长生不老。吴承恩对这类女妖可是毫不留情，一打二打三打，让她们无一例外地在孙悟空的金箍棒下现出丑恶的原形。

世情小说《金瓶梅》，第一次将女性作为小说的中心人物，生动细腻地描写了她们的日常起居、喜怒哀乐，在中国小说发展史上具有里程碑的意义。但令人如鲠在喉的是，小说里虽然女性众多，但都是男人作乐的工具和附庸，都是被损害、被侮辱的对象，都没有被当作人来看待。可以说，《金瓶梅》发现了女性，又亵渎了女性。

只有《红楼梦》，才第一次把女性作为小说的主角，把女人当人，当大女人，浓墨重彩地为她们画像立传；也只有《红楼梦》，才第一次改变了把女性作为受侮辱、受损害、受同情的形象定位，而是把她们作为世间最美好、最纯净、最优秀的一个群体加以歌颂和赞美，体现了作者对女性深刻的尊重和热爱。

曹雪芹从不掩饰他对纯美女性的审美偏好。

贾宝玉说："女儿是水做的骨肉，男子是泥做的骨肉。我见了女儿，我便清爽；见了男子，便觉浊臭逼人。"这段话最鲜明地表达了作者的审美趣味。女儿是水做的骨肉，如此清新奇特、石破天惊的比喻，恐怕只有对女人无比热爱的人才想得出来！

《红楼梦》中，关于女子的评论，还有这些妙语：

"天地间灵淑之气，只钟于女子，男儿们不过是渣滓浊沫而已。"

"这女儿两个字，极尊贵、极清净的，比那阿弥陀佛、元始天尊的这两个宝号还更尊荣无对的呢！你们这浊口臭舌，万不可唐突了这两个字要紧；但凡要说时，必须先用清水香茶漱了口才可；设若失错，便要凿牙穿腮等事。"

所以我们看大观园的女儿们，一个个花容月貌，美丽动人。

且看林黛玉："两弯似蹙非蹙罥烟眉，一双似喜非喜含情目。态生两靥之愁，娇袭一身之病。泪光点点，娇喘微微。闲静时如姣花照水，行动处似弱柳扶风。心较比干多一窍，病如西子胜三分。"难怪王熙凤感叹："天下竟有这样标致的人儿，我今日才算看见了。"

林黛玉固然美丽，但小说中写薛宝钗："品格端方，容貌美丽，人人都说黛玉不及。"这样看来，论容貌薛宝钗似乎又在林黛玉之上，难怪林黛玉经常吃薛宝钗的醋。

王熙凤尽管性格泼辣，但也是标准的美人坯子："一双丹凤三角眼，两弯柳叶吊梢眉，身量苗条，体格风骚，粉面含春威不露，丹唇未启笑先闻。"

贾府四春，大女儿元春能够做皇帝的妃子，那容貌自不必说，二女儿迎春“肌肤微丰，合中身材，腮凝新荔，鼻腻鹅脂，温柔沉默，观之可亲”。三女儿探春“削肩细腰，长挑身材，鸭蛋脸面，俊眼修眉，顾盼神飞，文彩精华，见之忘俗”。只有四女儿惜春尚未成年，未作评价，想必也是很好的。

其他女子如妙玉、湘云，也都各擅其美，自有动人之处。甚至连丫鬟，如晴雯、袭人、平儿等，也都风流灵巧，惹人怜爱。看《红楼梦》有种感觉，似乎天底下美丽的女子都集中到了大观园，大观园仿佛成了美女们的百花园。

《红楼梦》有一个特别奇怪的现象，在描写男性的长相时，用的却是赞美女性的词句。比如，作者描写贾宝玉：“面若中秋之月，色如春晓之花，鬓若刀裁，眉如墨画，鼻如悬胆，睛若秋波。虽怒时而似笑，即瞋视而有情。”又说他：“面如傅粉，唇若施脂；转盼多情，语言若笑。天然一段风韵，全在眉梢；平生万种情思，悉堆眼角。”你看这样的用语，哪里像是在描写一个男子？分明是在赞美一个美丽的女子。再比如，写秦钟，“比宝玉略瘦些，眉清目秀，粉面朱唇，身材俊俏，举止风流，似更在宝玉之上”。也不像是在描写一个男子。也许作者认为，世间只有女子才是美丽的，男子长得是否好看，就看他是否符合女性的审美标准？这也是《红楼梦》的一大奇特之处。

有人说，《红楼梦》里无男人。我以为这句话是有一定道理的。一方面，小说里如贾琏、薛蟠、贾瑞、贾环之流，人品低下，行为龌龊，猥琐无能，不像一个男人的做派和气度；另一方面，像贾宝玉、甄宝玉、秦钟之类，作者又将之女性化，长相、举止、言辞都明显女性化，也不像是男人。翻遍《红楼梦》，真难找到一个从外貌到行为举止很“男人”的男性。这也从另一个侧面反映了作者对女性的强烈的审美偏好。

大观园的女子们，不仅长相美丽，而且个个能吟诗作赋，才貌双全。林黛玉自不必说，她的“葬花吟”“咏海棠”“咏菊诗”以及“桃花行”“秋窗风雨夕”，首首文辞清丽，凄美动人，在大观园诸姐妹中自然是独占魁首，她的这些诗，即便放在中国诗歌史上，也是新鲜别致，风格独特，堪为上上品。除黛玉外，其他女子也都能诗善赋，富有才情。在第三十七回“秋爽斋偶结海棠社，衡芜苑夜拟菊花题”和第三十八回“林潇湘魁夺菊花诗，薛蘅芜讽和螃蟹咏”中，她们结社斗诗，尽逞才情，集中展现了红楼女子的诗歌才华。像薛宝钗、史湘云、迎春、探春等，她们的诗作虽没有黛玉的那么好，但各有特色，都有很高的艺术水准。比如薛宝钗“白海棠咏”：

珍重芳姿昼掩门，自携手瓮灌苔盆。胭脂洗出秋阶影，冰雪招来露砌魂。

淡极始知花更艳，愁多焉得玉无痕。欲偿白帝凭清洁，不语婷婷日又昏。

庚辰本有双行夹批，“纤巧流荡之词，绮靡秾艳之语，一洗皆尽”，对宝钗的这首诗给予了高度评价。难怪李纨评论说：“若论风流别致，自是这首（指黛玉的诗）；若论含蓄浑厚，终让蘅稿。”宝玉那样喜欢黛玉，也不得不说李纨“评的最公”。能够力压黛玉，可见宝钗的才情自非一般。

《红楼梦》有一回写“香菱学诗”，颇见作者对女子的偏爱。香菱因见众姐妹结社吟诗，好生羡慕，也想学诗。她小时候被拐卖，长大后又被呆霸王薛蟠看中，强占为妾，自然很难有读书学诗的机会。所以她写诗的底子是很差的，学诗应该难度很大。但她拜黛玉为师后，经过一段时间的潜心学习，居然进步神速，诗也写得越来越有模样了，前几首写得一般，但最后一首咏月诗：“精华欲掩料应难，影自娟娟魄自寒。一片砧敲千里白，半轮鸡唱五更残。绿蓑江上秋闻笛，红袖楼头夜倚栏。博得嫦娥应自问，何缘不使永团圆！”被众人评价“这首不但好，而且新巧有意趣”。从常理看，短短时间的学习，香菱是不可能把诗写到如此水平的，明显系作者在故意拔高，故意为之。所以黛玉称赞香菱的天分根基，说：“你又是这样一个极聪敏伶俐的人，不用一年工夫，不愁不是诗翁了。”宝玉说得更直白：“这正是‘地灵人杰’，老天生人，再不虚赋情性的。”这不正是作者自己的心声吗？

《红楼梦》写女子的美，和其他的小说不一样，不仅写她们的外在美，更注重写她们的内在美，“腹有诗书气自华”，写她们通过内在才情所散发出来的迷人魅力。在作者的心中，美丽的女子一定是才貌兼具的。所以他笔下的女子，不仅容貌要好看，也一定要是多才多艺的。即便这些女子可能并没有那么高的才情，作者也一定要创造出来，“强行”赋予她们。

古代女性地位低下，讲究“女子无才便是德”，她们往往读书不多，识得几个字即可，能吟诗作赋的更是凤毛麟角。林黛玉初入贾府，宝玉问：“妹妹可曾读书？”黛玉道：“不曾读书，只上了一年学，些须认得几个字。”薛宝钗虽然父亲“令其读书识字”，但她本人却“不以书字为念，只留心针黹家计等事”。李纨其父“便不十分令其读书，只不过将些《女四书》《列女传》《贤媛集》等三四种书，使他认得几个字，记得前朝这几个贤女便罢了，却只以纺绩井臼为要”。

可见《红楼梦》中的这些女子们，并没有读过多少书。而且彼时都年龄尚小，不过十几岁，她们怎么可能有那么高的诗歌水平？而且这些才貌兼具的女子怎么都集中到了大观园？显然不符合生活的或然律，却符合艺术的逻辑。作者要为闺阁立传，就一定要把这些女子写得非常美好，既要有才，又要有貌。只有这样才能“传之后世”，永远为读者所喜爱、所纪念。这就是大观园的女子们没有一个不会写诗的缘故，也是作者为什么要专门安排一节写“香菱学诗”的原因。

世人爱读《红楼梦》，一个是爱看宝、黛的爱情，再一个就是喜欢小说中的那些女孩们。她们一个个貌美如花、气质如兰、聪明伶俐，各有各的风情，各有各的姿态，组成了一幅精彩绝伦、活色生香的百美图。她们是如此让人难以忘怀，以致我们掩卷而坐，似乎还可以看见她们曼妙的身姿，还可以听见她们银铃般的笑声。

年少不懂薛宝钗

少年读红楼，眼里只容得下一个林妹妹。她的如仙美貌、才华气质、婉转风流，不知道撩拨起多少心动；她寄人篱下的伤痛，燃尽最后一篇诗稿的决绝，流尽最后一滴泪的爱情，又不知在多少个深夜令人痛入骨髓。至于她的耍小性子、刻薄、敏感、爱哭、爱吃醋等毛病，全都被归于真性情，被宽容地接纳。一个只为诗词和爱情存在的林妹妹，成为少年心中神圣不可侵犯的女神。

至于宝姐姐，虽然也貌美如花、才华横溢，可就是喜欢不起来。谁叫她对每一个人都好，永远在照顾和迁就别人呢？妙龄少女不就应该我行我素、个性张扬吗？谁叫她成天劝导宝玉专心读书，留意仕途经济呢？少年的世界不应该是诗和远方吗？谁让她对金钏儿之死毫不动容，在撞破小红私会时金蝉脱壳，没有一点女孩子应有的同情心？谁让她年纪轻轻就清心寡欲得无趣，住“雪洞”、穿旧衣、

不爱花儿粉儿？正值青春年少的女孩不该明艳动人，青春飞扬吗？最令人讨厌的是，她居然是宝、黛爱情的第三者，在无耻的“调包计”中令宝痴黛死，充当了直接的帮凶。

然而，当我们逐渐长大，慢慢品味到更多的人生甘苦后，再读《红楼梦》，才发现那个讨厌的宝姐姐，原来并非我们少年时看到的模样。她的好，她的优秀，她的可爱，她的种种不得已，原来我们一直没有读懂。

宝钗出身于四大家族的皇商薛家，是一个典型的豪门贵女。可她如黛玉一样，早早品尝了亲人离丧、家道中落的人生之痛。她甚至比黛玉更可怜。黛玉虽少小离家，可有外祖母疼爱，将她保护在象牙塔内，因而可以时不时要点小性子，闹点小脾气。宝钗却不行。她虽有母亲和哥哥，可母亲懦弱没主见，只会一味溺爱儿子；哥哥花天酒地，不学无术，常常惹是生非。宝钗无人能靠、无人能说，她得是母亲的小棉袄、主心骨，哥哥出了事还得她上下奔波，处理善后。她何尝不想像黛玉一样撒撒娇、要要小性子？可残酷的生活不允许她这样，她必须变得成熟、懂事、“世故”。这是她应对生活的唯一办法。

于是，我们看到，在看似风平浪静、实则暗流涌动的贾府，宝钗秉持“蓄而不张”的行事风格，“安分随时”“罕言寡语”，又知书达理，乖巧随和。她会在自己过生日时，点的全是贾母喜欢的戏文；在金钏儿跳井，王夫人为其丧服犯愁时，她没有任何忌讳地拿出自己的衣裳。她对贾府上下每一个人几乎都一视同仁，和他们聊天送礼物，帮忙解决难题，就连人人厌弃的赵姨娘，她也从不拜高踩低。黛玉小心眼，对她多有敌意，宝钗一笑置之，不但避其锋芒，还极尽包容。薛蟠带来的土特产，她给黛玉的比别人多一倍。黛玉看杂书，被宝钗察觉，私底下教导，如亲妹妹般贴心。雨夜送燕窝，她劝说黛玉保养身体：“你放心，我在这里一日，我与你消遣一日。你有什么委屈烦难，只管告诉我，我能解的，自然替你解。”情真意切的一番话，彻底打动了黛玉，两人结为了金兰契。湘云开诗社，她帮湘云操持螃蟹宴；在袭人烦湘云帮忙做针线活时，她悄悄地告诉袭人，湘云在家里做不得主，不要让她为难。这样温柔、体贴、善解人意的宝钗，贾府上下自然人人交口称赞。

其实，黛玉和宝钗在贾府面临相似的处境，同样都是寄人篱下，但她们却做出了不一样的选择。黛玉深居简出，我行我素，几乎和每个人都保持距离。宝钗却热心快肠，为人随和，为自己赢得生存空间。黛玉选择用任性与世界对抗，宝钗则选择主动适应环境，与世界和解。

宝钗虽然性格随和，事事替他人着想，但她并不是没有自我、没有情感、枯燥乏味的人。她有她的个性、情感和可爱之处。

在十二钗里，宝钗的博学连最有才华的黛玉有时也望尘莫及。因为她是全才，经史子集知之甚广，诗词歌赋样样皆能，甚至于理财、书画、医学、戏曲、参禅悟机等方面也颇有见识。宝钗的诗是写得很好的，虽比不上黛玉，但首首清新别致，高出众人一等。但她从不把才情当饭吃，有一次她告诉黛玉说：“其余诗词，不过是闺中游戏，原可以会，可以不会，咱们这样人家的姑娘，倒不要这些才华的名誉。”

宝钗不仅有才还长得美。书中用群芳之首来比喻宝钗，又有“若教解语应倾国，任是无情亦动人”来形容她的国色天香。可美只是别人眼中的，宝钗自己对容貌毫不在意。连她的亲妈都说：“宝丫头古怪着呢，她从来不爱这些花儿粉儿的”。宝钗住的房间也是一样：“一同进了蘅芜苑，及进了房屋，雪洞一般，一色玩器全无，案上只有一个土色瓶中供着数枝菊花，并两部书、茶奁、茶杯而已。”连贾母都看不过眼，嚷着要给她添妆加物。可她却坚持着自己的极简主义。正值豆蔻年华，宝钗为什么让自己的物质如此苍白？这是因为她早已对身外之物失去了兴趣，认为那不过是自矜身份的“富丽闲妆”“没用的东西”，没必要在意，更无须靠这些来攀比。

宝钗与大观园里许多女子的不同，还表现在她性子上的冷静、理性甚至透着无情。宝钗明知道宝玉最不喜读书，却偏要当恶人，三番五次地劝宝玉“读书明理，辅国治民”。这是因为她是一个冷静的现实主义者，她是真正在为宝玉的人生着想。只可惜在女儿堆里滚大的宝玉，不可能理解她的良苦用心。宝钗在能帮助别人时，不吝惜一己之力；在无能为力的情况下，也不会同情心泛滥，在她眼中，解决问题远比无谓慨叹重要得多。比如金钏跳井一事，宝玉是源头，他在金钏死后特意拜祭、悲痛不已，却在事情发生时无能为力、一逃了之。与他不同，宝钗对金钏之死虽没有过多同情，却主动愿意拿出自己的新衣给金钏装裹，以解王夫人之急。同样，宝钗没有教香菱学诗，却会在香菱面对被卖的危险时，毫不犹豫地施以援手，使其免于更悲惨的命运。滴翠亭事件，以前认定是宝钗故意陷害黛玉，后来才想到：宝钗若真想陷害，黛玉拌嘴哭闹看西厢，多少小辫子她不够抓？滴翠亭事件不过是她为避免麻烦顺嘴一说，因为她知道：小红不对黛玉构成威胁。仅此而已，岂可上纲上线过于苛责宝钗？

爱情，可能是宝钗最不能掌控的东西，也是她内心最深的痛。宝钗爱宝玉吗？我觉得刚开始是不爱的，或者也没有心情去爱。宝钗是为待选入宫而进京借居贾府的，那时的她一心只想如元春一样，岂有其他的心思？后来元春省亲，独赐给宝玉、宝钗一样的东西，她的视线才开始逐渐移到宝玉身上。可此时，黛玉已抢了先机。聪明的宝钗心知肚明，所以她尽量远着宝玉，还时不时打趣宝、黛的儿女小心思。

然而，偌大一个贾府，也只有宝玉一个人能入她的眼，风乍起，依然吹动了宝钗内心的一池春水。那么宝钗争过吗？其实是争过的，只是不自知地争过。且看第三十四回宝玉挨打那一次，宝钗托药而进，低头弄衣带，情急之下说出“早听人一句话，也不至有今日，别说老太太、太太心疼，就是我们看着，心里也疼……”，说话时亲切稠密，面红娇羞，分明是动了情。这是宝钗最难得最大胆的一次真情流露。可是，在一个宁静的夏日午后，宝钗正给宝玉绣鸳鸯肚时，却忽闻宝玉在梦中痛斥“金玉良缘”：“和尚道士的话如何信得！什么金玉姻缘！我偏说木石姻缘！”宝钗怔住了。那一刻，怔住的宝钗也了悟：既然求之不得，不如让还未泛滥的这腔柔情化作春水东流！此前，宝钗经常去怡红院走动，连晴雯都忍不住抱怨：“有事没事，跑了来坐着，叫我们三更半夜的不得睡觉！”但此后，却少有见到宝钗单独和宝玉玩。

这就是我们读懂了的宝钗，对任何事、任何人都不强求，哪怕对于爱情，也顺其自然。相比黛玉为爱弃命的执拗，宝钗的舍与取，更透着冷静、理性和隐忍。

可叹的是，一切终逃不过命运。宝钗不幸遇见了宝玉，宝玉从来都不是她的良配，却是红楼里唯一可供她选择的人。宝钗终究做了宝黛爱情的第三者，被家长们如木偶般操控着披上骗婚者的嫁衣，成就了“金玉良缘”，却也步入了婚姻的悲凉地，清醒地品味着得之亦不幸的痛楚。我们死死捍卫着宝黛的爱情，把泪水洒向黛玉，可曾想过，作为《红楼梦》里真正享受过爱情的女孩，黛玉其实是幸运的、幸福的，虽死而无憾。而真正可悲的却是宝钗，她空有好容貌、好才情、好性格，却从头到尾都未品尝过爱情的味道，最后只落得丈夫出家，独守空房的悲剧结局。从这个意义上说，宝钗才是《红楼梦》里最大的悲剧人物。

王熙凤的朋友圈

有人曾评论说，“曹雪芹是蘸着眼泪写成林黛玉，带着烧滚的钢针写成王熙凤”。黛玉和凤姐绝对是红楼女子中最亮眼的双骄，也是作者最偏爱、下笔最有神的两个人物。尤其是王熙凤，我们很难在中国古代小说中找到这样一个亦正亦邪、极富个性魅力的女性形象。

王熙凤是一个什么样的人？她是荣国府的大管家，行事泼辣、才干优长、精明果断。她是贾母的好孙媳，王夫人的好帮手，宝玉及众姐妹的好嫂子。但她又贪财狠毒，好妒阴损，待下严苛，杀伐决断，性格中从来不带怕的。

按说这样一个“机关算尽，反算了卿卿性命”的女人，是没有多少朋友的。但我们在小说中，可以看到王熙凤有着一个不小的朋友圈。从她的朋友圈中，可以窥探出她不为人知的另一面。

平儿绝对是凤姐朋友圈中的置顶人物。她们从小一起长大，两人名义上是主仆，实则情同姐妹。最后平儿不仅成了凤姐的左膀右臂，还与凤姐共侍一夫，在一个屋檐下荣辱与共。小姐和丫头，能有这样的缘分和情义，在那个时代，是非常难得的。

平儿能成为王熙凤的朋友，最重要的是她的忠诚可靠。李纨曾说平儿："你就是你奶奶的一把总钥匙。"作为凤姐的心腹之人，她事事处处都为王熙凤着想，自觉地向着凤姐，真诚地维护着凤姐。她替凤姐管理诸多家务，事事料理得井井有条，又从不越权行事。对于像贾琏偷娶尤二姐之事，她得到讯息立即报告给凤姐，毫不含糊，体现了她对凤姐的忠心。她身为贾琏之妾，却从来不与凤姐争风吃醋，而是处处让着凤姐，受了委屈也能够隐忍求全。对待贾琏，她分寸拿捏得体，既耐心周旋，又从不和他厮混在一起，以免凤姐生了醋意。凤姐掌管贾府财政，行事又大胆泼辣，自然得罪了不少人，平儿没少在背后做工作，替凤姐"善后"。她甚至敢于批凤姐的"龙颊"，"何苦来操这心！得放手时且放手，什么大不了的事，乐不施恩呢"，如此直言相劝，堪称凤姐的诤友。

也正因为平儿的忠诚，王熙凤对平儿也是"将心比心"，善待有加。她把平儿当成了最亲密的自己人，可以把最难办的事情交给她处理，可以把最私密的心事向她言说，可以对她无理取闹，也可以对她发最狠的脾气，也会在做错事后声泪俱下地对她道歉。当然，她对平儿也多有体贴和包容。平儿是一个心地善良的女孩，"背着奶奶常做些个好事"，暗地里帮助了不少人。比如平儿为柳五儿平冤，赠送邢岫烟衣服，在茯苓霜、玫瑰露等事件中网开一面，拿二百两银子给贾琏料理尤二姐的丧事等。看起来，这些事似乎都是平儿瞒着凤姐所为，但细究之下，凤姐那么精明能干，平儿怎么能瞒得过她？她不过是睁一只眼闭一只眼罢了。大事自己拿主意，而许多留有情面的小事情，凤姐都交给平儿办理。这是她对平儿善良的成全，让这个丫头出身的女孩在等级森严的贾府有了相当的存在感和尊严。

秦可卿是凤姐唯一可称之为知己的人物。两个出身悬殊、差着辈分，为人处世大不相同的女人，在一刚一柔间擦出了友谊的火花，颇为出人意料。

书中多处描写二人关系之亲密。秦可卿托梦时对凤姐说：“因娘儿们素日相好，我舍不得婶子，故来别你一别。”贾敬生日，凤姐饭后去看秦可卿，秦可卿说：“除了婶子倒不用说了，别人也从无疼我的，也无不和我好的。”秦可卿的婆婆尤氏也曾调侃凤姐：“你们娘儿两个忒好了，见了面总舍不得来了，你明日搬来和他住着。”就连贾母，亦知二人素日亲厚，特意让凤姐前去探望秦可卿时说：“你们娘儿两个也好了一场，明日大初一，你后日再去看看他去……”

整个《红楼梦》中，除了后面的衰败期，凤姐一直是个活得风生水起的人，很少见到她痛苦悲伤的模样。可是在秦可卿病死的事情上，她一反常态，表现出了一种毫不掩饰的浓重悲情。她从“眼圈儿红了起来”到“不觉得又眼圈儿一红”，到最后丧礼时的“嚎啕大哭”，凤姐将风光时所有的眼泪都流向了秦可卿。

一个刚烈如火，一个温柔似水，她们俩为什么关系非同一般呢？书中虽着墨不多，但从只言片语中我们仍可发现端倪：二人一是英雄相惜，二是心意相通。

二人都是“脂粉队里的英雄”。王熙凤自不必说，她是贾府上下第一能干之人，精明强干，敢作敢为。秦可卿呢，小说虽未明写，但旁人的言语中，我们依稀可以看到她的能力非比常人。贾母说秦可卿“是极妥当的人，生得婀娜纤巧，行事又温柔和平”，是“重孙媳中第一个得意之人”。贾珍曾说起秦可卿：“我这个媳妇是素来喜欢好胜的，为此不知道操了多少心，什么事虽然她嘴上不说，但都是在心里计划的。”秦可卿也曾在凤姐探病时说：“我这个病怕是不能好了，这把我素日那争强好胜的心弄得一分也没有了”。

两个人心意相通，堪为知音。凤姐作为荣国府的大管家，众人看她是高高在上、呼风唤雨的女强人，几乎没人能看到她风光背后所受的种种委屈和烦恼，也没有人能够体会到她那种大厦将倾、独木难支的无助和痛楚。秦可卿病前和凤姐一样，也是宁府里的管事之人，相同的地位，相同的处境，使她更能体会到凤姐之难、凤姐之忧。所以秦可卿死后，没有托梦给别人，而是托梦给了凤姐，在梦中她反复告诫凤姐：“月满则亏，水满则溢”“登高必跌重”“万不可忘了那‘盛筵必散’的俗语”；还建议凤姐未雨绸缪，要多购置田庄房舍地亩，设立家族学校，重视子女教育，以保日后有个退路。秦可卿的这番话，有感伤，也有劝诫，凤姐听了肯定是感同身受、心有戚戚，不然也不会“吓了一身冷汗”。

作为大嫂，凤姐在大观园里有一众才高貌美的小姑子，但能真正走进她朋友圈的只有黛玉和探春。

黛玉甫一进贾府，凤姐便哭笑间表现出对黛玉极大的热忱。如果说，这只是凤姐讨好贾母之意，但随着时间的推移，她渐渐对年幼失去双亲、寄人篱下、体质羸弱的黛玉生出了一份真心的怜惜和关爱。

细读红楼，你会发现凤姐的玩笑，除了说与贾母，大多时候便是给黛玉了。她会当众打趣黛玉："你既吃了我们家的茶，怎么还不给我们家做媳妇儿？"她还是木石前缘的坚定支持者，各种撮合，将两人称为"黄鹰抓住了鹞子的脚，两个都扣了环了"。她难得一现的柔情和体贴，也给了黛玉。在抄检大观园时，众人到了潇湘馆，文中写道："黛玉已睡了，忽报这些人来，也不知为甚事，才要起来，只见凤姐已走进来，忙按住他不叫起来，只说：'睡着罢，我们就走的。'"王善保家的在潇湘馆搜出一些宝玉的旧东西，脸上很得意，凤姐一脸的云淡风轻：宝玉和她们从小一块儿在老太太那边过了几年，这有什么稀奇的。这种种细节都展现出凤姐对黛玉的喜欢和爱护。

作为红楼第一才女，黛玉高洁超逸、伶牙俐齿、心直口快、敢说敢做、不怕得罪人，这样的性格和凤姐非常契合。可以毫不夸张地说，大观园内，仅有凤姐和黛玉最坚持自我，灵魂最自由，活得最洒脱，这样的两个人没有理由不成为朋友。

探春能入凤姐的朋友圈，也是源于她自身的才华和胆识。在凤姐因生病由探春等人代行管家之权时，探春新官上任三把火，第一把火便烧到了凤姐头上，凤姐不但没生气，还连说："好，好，好，好个三姑娘！我说不错。"语气中掩饰不住的赞赏。她还再三告诫平儿，要全力支持探春改革。她说："倒只剩了三姑娘一个，心里嘴里都也来得，……如今他既有这主意，正该和他协同，大家做个膀臂……"

凤姐的朋友圈还有两个忘年交，她们一个是富贵贾母，一个是贫贱刘姥姥。两个身份地位悬殊的老太太是如何都和凤姐成了好朋友呢？

先说贾母。贾母生来就是享福的，她身居家族最高层，是人人敬重的“老祖宗”。而贾母除了宝玉、黛玉，最宠爱之人便是孙媳妇凤姐。贾母喜欢凤姐的巧嘴爽利，“当日我象凤哥儿这么大年纪，比他还来得呢。他如今虽说不如我们，也就算好了，比你姨娘强远了……凤儿嘴乖，怎么怨得人疼他。”

贾母喜欢凤姐的能干通达，王夫人说贾母太惯着凤姐，这样“他明儿越发无礼了”。贾母笑着说：“我喜欢他这样，况且他又不是那不知道高低的孩子。”贾母也心疼凤姐持家的艰辛。凤姐过生日，她命令贾府上下凑份子，让尤氏亲自打理，给凤姐安排一个热闹风光、别致喜庆的生日；她由着凤姐和鸳鸯“里应外合”，偷拿自己房中的金银家伙换取银两补贴家用；她在凤姐因治家严格受邢夫人责难时，大张旗鼓地让鸳鸯声援。

凤姐的幽默风趣、精明干练、拔尖好强，其实就是贾母年轻时的样子，贾母自然喜爱有加。

而凤姐对贾母，敬重中间有顽皮，孝顺中间多谐趣，虽隔着辈分，却亲昵似朋友。祖孙关系能相处如此，实在令人羡慕。

贾母初见黛玉，勾起了对已故女儿贾敏的思念，抱着黛玉大哭，周围众人也只能陪着掉泪。凤姐一出场，气氛立马改变，贾母由悲转喜，与凤姐你来我往，相互说笑打趣。

凤姐知道贾母是个爱热闹的人，总是想方设法给她制造快乐。刘姥姥二进贾府，凤姐发现刘姥姥不仅和贾母年纪相仿，而且言语也颇有俗趣，马上导演了一出“老刘老刘食量大如牛，吃个老母猪不抬头”的好戏，将贾母逗得搂着宝玉叫“心肝”。

一个年近八十的老太太，还能常常如此畅快淋漓地大笑，贾母的福气，不得不说，有一半是凤姐创造的。

刘姥姥是一个乡野老妪，她一进贾府是为了全家的生计来“打秋风”的。心知肚明的凤姐很“官方”地接待了她，在得到王夫人“不可简慢”的准信儿后，才打赏了二十两银子。令人感慨的是，凤姐骨子里是留有善良和体贴的。在二十两银子之外，她另给了刘姥姥一吊钱，言明“这串钱，雇了车子坐罢”。因为凤姐明白，银子是整的，刘姥姥绝对舍不得破开，早晨就是一步一挨地走来的，晚上必定还是走回去。这一吊钱是凤姐打赏的车钱，更是她人性的闪光点。

刘姥姥二进贾府是因为家里收成好，来给贾府送些新鲜的蔬菜水果。有来有往、有恩必报，刘姥姥活得很明白，也赢得了凤姐的好感。刘姥姥看李纨与凤姐儿对坐着吃饭，便叹道：“别的罢了，我只爱你们家这行事。怪道说，礼出大家。”此言一出，凤姐马上就明白，刘姥姥不是一个糊涂人，此前的装呆卖萌只是她有意逗乐。凤姐赶紧道歉，刘姥姥后来则回了鸳鸯一句：“姑娘说那里的话？咱们哄着老太太开个心儿，可有什么恼的。你先嘱咐我，我就明白了，不过大家取笑儿，我要恼，也就不说了。”刘姥姥这番话，让凤姐对这个善良智慧的乡野老妪真正生出了敬重之心。在刘姥姥即将离开贾府之前，凤姐真诚地请求姥姥给女儿起名，想沾一点姥姥的福气，这才有了巧儿这个名字。谁能想到，凤姐对刘姥姥这份善意与尊重，最终为女儿铺了路，救了命，留得余庆。

这就是凤姐的朋友圈。从她的朋友圈中，我们可以看到凤姐的另一面：虽外表强悍，但仍多有女性的温柔与脆弱；虽“机关算尽”，但不乏朴直率性；虽杀伐决断，但恤弱怜贫，心存良善。说到底，凤姐就是一个虽精干强势，但烟火气十足的女人。

有一种逆袭叫探春

在实行宗法制度的古代，嫡庶之别是很分明的。现代人流行拼爹，而在古代则是拼娘。嫡女的娘是正妻，往往出身高贵，嫁妆丰厚，人脉广泛，这些都可“遗传”给嫡女，成为嫡女谈婚论嫁的筹码。庶女的娘是妾，身份卑微，一穷二白，对自己的子女只能唤少爷、小姐，更别谈有什么资源可贡献。

探春就是这样一个庶女，亲妈赵姨娘是贾府的家生丫头，后给贾政当妾，生下一儿一女。赵姨娘除了地位低下，还是个拎不清的女人，成日里小奸小坏、挑拨离间、踩低恨高，硬是把自己弄成贾府的“万人嫌”。她带出的儿子贾环也是“人物猥琐，举止荒疏”，凤姐说他是个不中用的货，王夫人气急了骂他“下流种子”。

这样的出身，再加上两个至亲“猪队友”拖累，这就是探春的人生底牌。探春的精彩之处，就在于冲破出身的不利，自信自强，拼娘拼不了，就拼自己！

探春模样争气，黛玉初进贾府，眼中的探春“削肩细腰，长挑身材，鸭蛋脸面，俊眼修眉，顾盼神飞，文彩精华，见之忘俗”。这样的风采气质绝不是生来就有，也不是一朝一夕形成的，它需要一个女孩长期的耳濡目染和修为上进。

探春的耳濡目染来自“极爱孙女”的贾母，这个爽朗慈祥的老太太将四春从小带在身边抚养，把她们个个培养得知书达礼，人人都有一门拿得出手的才艺。探春的才艺胜在书法。且看探春房间的陈设：“这三间屋子并不曾隔断，当地放着一张花梨大理石大案，案上堆着各种名人法帖，并数十方宝砚，各色笔筒，笔海内插的笔如树林一般……西墙上当中挂着一大幅米襄阳《烟雨图》。左右挂着一副对联，乃是颜鲁公墨迹。”可见探春对书法的喜爱。元春省亲令姐妹们作诗，而后命探春将十数首诗另以锦笺誊出传于外厢，后来还是让她重新誊录保存以成千古之佳事。足可看出探春书法造诣之高。

书法出众，探春的诗文也相当不错，虽说比不上薛林二位，却是三春之首，曾吟出“短鬓冷沾三径露，葛巾香染九秋霜”的佳句。她是海棠诗社发起人，“风庭月榭，惜未宴集诗人；帘杏溪桃，或可醉飞吟盏。孰谓雄才莲社，独许须眉；不教雅会东山，让余脂粉耶？”，她写的起社“花笺”引经据典，文采斐然，宝玉点头称赞“倒是三妹妹高雅”。黛玉的雅号“潇湘妃子”是她所起，黛玉心服口服，欣然接受。她审美品位亦脱俗，喜欢“朴而不俗，直而不拙”的小玩意，为宝玉做的鞋也可见其女红手艺出色。

探春用自我的精彩，换来了贾府上下对她的认可和赞赏。贾母生辰，南安太妃和北静王妃来祝寿，三春之中，贾母只喊探春出来见客。在贾母心目中，探春内外兼修，是能拿得出手的孙女，是荣国府的门面担当。

“探春管家”，既是小说中的一出重头戏，也是探春人生中最华彩的篇章。读者从中不仅领略了她出众的治家才能，更能感受到她勇于任事、敢于担当的巾帼风采。

凤姐生病休息，探春、宝钗、李纨三人临危受命，短暂管家。然而宝钗是亲戚，不好强出头，李纨性子优柔寡断，不是管家的料。这场戏只能由探春主唱。谁知道第一个难题便是亲妈赵姨娘来讨要亲舅舅的丧葬费。一边是刁奴吴新登媳妇故意不说往年旧例，存心想让探春掉进亲妈埋的坑里；一边是赵姨娘哭哭闹闹，责骂探春无情无义，连自己的亲舅舅都不照顾。内外交困，探春“大义灭亲”，秉公决断，干脆利落地处理了亲舅舅赵国基丧事的份子钱之争，给了刁奴一个下马威，也让亲妈消停了。

接下来探春紧锣密鼓地开始了一系列兴利除弊的改革。小到姐妹丫头的脂粉钱、少爷公子的点心费，大到院子里的花木修剪，林池管理，她都精心谋划，开源节流。一草一木都变成贾府的收入来源。由此诞生了最早的“承包责任制”。

这一番大刀阔斧“砍”下来，不仅丫鬟婆子们满意，也解决了贾府的燃眉之急。众人都夸她“精细处不让凤姐儿”，而凤姐儿本尊，也对探春赞不绝口，连说四个“好”。

更难得的是，掌权期间，探春从未为自己谋取过任何私利，也没有借机耀武扬威。连一向刻薄挑剔的黛玉都对宝玉赞她："你家三丫头倒是个乖人……差不多的人，就早作起威福来了"。

探春人生的第二处精彩，是她打向刁奴的一记耳光。

因为"绣春囊"事件，王善保家的撺掇着主子们抄检大观园。丫鬟们被抄检，小姐们只能忍气吞声，任由摆布。可到了秋爽斋，气场大变。探春主动让丫鬟秉烛开门，问了缘故，就冷笑说道："我们的丫头，自然都是些贼，我就是头一个窝主。既如此，先来搜我的箱柜，他们所偷了来的，都交给我藏着呢。"领衔抄检的凤姐只好赔笑打圆场，探春"针锋相对"：搜我的可以，丫鬟们都不让你们搜，我原比众人歹毒，丫鬟的都在我这儿，你们不依就去回太太，该怎么处置，我自己去领。

搜丫鬟不行，搜她可以！探春的霸气护犊，令凤姐内心很是欣赏，准备收手。不识趣的王善保家的却越众向前，拉起探春的衣襟，故意一掀，嘻嘻笑道："连姑娘身上我都翻了，果然没有什么。"凤姐见她这样，忙说，"妈妈走罢，别疯疯癫癫的"。一语未了，只听"啪"的一声，王善保家的脸上挨了探春一巴掌。

这是《红楼梦》里最响亮、最动听、最解气的一个耳光。这个耳光，显露出了探春不畏强权、疾恶如仇、宁折勿弯、爽直刚烈的优秀品格。

探春本是庶出，但她却没有因此自卑自怜，委曲求全，而是敢于任事，敢作敢为。这是她身上最可贵的品质，也是她最可爱之处。

事实上，她对自己的出身是清醒的，也是在意的。有一次她抱怨赵姨娘："何苦来！谁不知道我是姨娘养的，必要过两三个月寻出由头来，彻底来翻腾一阵，怕人不知道，故意表白表白，也不知是谁给谁没脸？幸亏我还明白，但凡糊涂不知礼的，早急了！”凤姐在称赞探春管家之能时也连连叹息“只可惜他命薄，没托生在太太肚里”，小厮兴儿也言，“可惜不是太太养的”。

但探春不认命。细读红楼，你很难发现探春有自怨自艾、自卑自弃的时刻。她坦然面对庶出的身份，正如她对宝玉阐明：“我只管认得老爷太太两个人，别人我一概不管。就是姐妹兄弟跟前，谁和我好，我就和谁好，什么偏的，庶的，我也不知道。”什么嫡出庶出，她才懒得理会，她只记得自己是贾府的三小姐！所以她在凤姐病后，敢于“兴利除宿弊”；明知自己诗才不如薛、林，却大气地成立海棠社，给姐妹们营造一个欢乐的世界；在贾赫想讨鸳鸯做小妾时，敢于在贾母面前为王夫人说话，让贾母直呼自己“老糊涂了”；也不惧凤姐之威，当着她的面，打了刁奴耳光。

同样是庶出，比之迎春的软弱病态，探春活得多么昂扬绚丽、个性十足。超越原生家庭之痛，摒弃来自命运的所有负能量，落落大方，敢作敢为，自尊、自信、自强，这就是探春的逆袭人生。

探春对贾府的衰败也是敏锐而无奈的。探春在抄检大观园曾发出了这样的呐喊：“可知这样大族人家，若从外头杀来，一时是杀不死的。这可是古人说的，‘百足之虫，死而不僵’，必须先从家里自杀自灭起来，才能一败涂地呢！”

《红楼梦》描写最后一个中秋节家宴，贾母强撑着赏月听笛，后半夜天气凉了，众人渐渐离席散去，唯有探春陪着贾母。贾母感慨地说：“只是三丫头可怜，尚还等着。”

我想那一刻，历经风雨沧桑的贾母也应该意识到了大厦将倾的结局吧，她孤独地想强撑着那份繁华。偌大的贾府，能感同身受、同样洞悉“山雨欲来风满楼”的，便只有同样将家族命运系在心上的探春。这一老一小，就这样静静地坐着，空对明月照沟渠。

虽然“生于末世运偏消”，探春却从没放弃过抗争。探春曾流泪说：“我但凡是个男人，可以出得去，我早走了，立一番事业来，那时自有一番道理……”脂砚斋曾批道，“探春看得透，拿得正，说得出，办得来，是有才干者”“使此人不远去，将来事败，诸子孙不至流散也”。可惜她身为女儿身，难以有什么作为。若她为男子，以她的才干和聪慧，贾府恐怕会是另一番光景吧。

所以曹公是偏爱探春的，给她安排了十二钗里相对较好的结局。虽是远嫁他乡，虽是“千里东风一梦遥”，但毕竟人还在，梦还在，希望还在。读者当理解作者的一番善意。

温度决定高度

前文分析《红楼梦》与《枕中记》，它们有着相似的整体构架，以梦幻始，又以梦幻终；也有着相似的创作主旨，通过描写一个人的觉悟过程来表达“人生如梦”的启悟主题。但这两部小说有着重大的差别，正是因此才凸显了《红楼梦》的伟大。

同样是表达“人生如梦”的启悟主题，如果说《枕中记》是“因空见色，自色悟空”，《红楼梦》则是“因空见色，由色生情，传情入色，自色悟空”。有没有“情”的介入和书写，是决定两部小说水平高下的主要原因。

《枕中记》无“情”有“空”。《枕中记》的作者站在一个超然尘外的醒世者的立场，向读者描述了一场大梦，并借这场梦严厉地告诫人们：不要追名逐利、选声征色，那不过是一场黄粱梦而已！作者在记录卢生在梦中的人生际遇时，心情始终是平静的，语调始终是平淡的，目光始终是冷峻的。作者是在叙述一个与己无关的陌生人的故事。别人娶美妇、中科举与我何干？别人做高官、建功业，又和我有什么关系？我只需要老老实实把故事写下来就行了。所以作者写这样的小说，是不会有任何感情的投入的。

读者读《枕中记》这类小说，可能会受到启悟，会发几句感慨，但决不会感动。因为小说本身是没有温度的。它们只有空洞的说教，干瘪的骨架，而没有鲜活的生活，生动的细节，丰富的情感。

叶嘉莹说："中国旧小说大多取材于神话、历史和民间传闻，即使是写社会人情的小说，作者也并无介入的感情。"这种看法是切中中国旧小说的"要害"的。在许多古典小说中，我们都能发现作者露骨的道德说教以及像《枕中记》这样严厉的"告诫"，但却感受不到作者情感脉搏的跳动。

古代文论历来注重文学的教化功能，认为"诗，可以兴、观、群、怨"，"夫文学者，人伦之首，大教之本也"，可以"经夫妇，成孝敬，厚人伦，美教化，移风俗"，"可以合君臣之节，可以浃父子之恩，可以增长幼之睦，可以动夫妇之欢，可以发宾友之仪，可以释怨毒之结。"韩愈更提出"文以载道"的观点，认为文学最主要的功能就是"载道"，就是传播儒家的义理、道德。

这种文学的教化观，也深刻地影响了古典小说的创作。鲁迅论及宋代文言小说衰落的原因时说道："唐人小说少教训；而宋则多教训。大概唐时讲话自由些……加以宋时理学极盛一时，因此把小说也多理学化了，以为小说非含有教训，便不足道。"其实不仅宋代文言小说如此，明清时的小说也大多如此，几乎没有不含有教训的小说。

宋元以后，随着市民阶层逐渐壮大，作为说书人底本的话本小说应运而生。这类小说的特点，一是注重故事性。故事性不强，听众不爱听，说书人就很难混得到饭吃。所以明清的话本小说，故事都很离奇，富有传奇色彩。二是多说教。话本小说的结构，一般分为三个部分：入话（得胜头回）、正文、结语。几乎所有的小说，其入话和结语都充满了道德的说教，要么推崇忠孝节义，要么宣扬因果报应。

随便举一个例子，比如“蒋兴哥重会珍珠衫”，开篇一首诗：“仕至千钟非贵，年过七十常稀。浮名身后有谁知？万事空花游戏。休逞少年狂荡，莫贪花酒便宜。脱离烦恼是和非，随分安闲得意。”诗的意思本来已经很明白了，但作者还要进一步解释道：“这首词名为《西江月》，是劝人安分守己，随缘作乐，莫为酒色财气四字，损却精神，亏了行止。”作者接下来直接表明写作小说的目的：“看官，则今日听我说《珍珠衫》这套词话，可见报应不爽，好教少年子弟做个榜样。”等到故事讲完，作者又赋诗一首：“恩爱夫妻虽到头，妻还作妾亦堪休。殃祥果报无虚谬，咫尺青天莫远求。”还是强调青天在上、因果报应的。宋明的话本小说大抵是这样一个套路，说教的东西特别多，絮絮叨叨的，有时让人不胜其烦。

正因为古代小说重教化，而且这种教化显得简单、生硬，如同给小说贴上了一个标签，所以这些小说在充满道德感的同时，却缺乏一种动人的力量。故事好看但不感人，教训很多却并不能入脑入心、润物无声。这是古代小说一个普遍的问题。

《红楼梦》不一样。《红楼梦》既有“空”又有“情”，既有“教训”，更有生活。教训不是生硬的说教，而是从生活中自然而然得出的结论，因而也更具有打动人心的力量。我们前面分析过，曹雪芹的创作思想存在着巨大的矛盾，一方面他是理性的，出世的，觉悟到人生的虚幻和虚无；另一方面，他又是感性的，入世的，他忘怀不了他所经历过的红尘往事，忘怀不了“情”的动人与美好。他不是在写别人的故事，他写的是自己的故事。他不是故事的旁观者，他是故事的参与者。正因为此，作者在写作小说时，不是以一个洞悉人世的“槛外人”的眼光，来漠然看待红尘中的赏心乐事、悲欢离合，而是以一个参与者的身份，充满了生活的热情与诗人的浪漫去建构他的红楼世界。作者一会儿是哲学家，睿智、冷峻；一会儿又是诗人，感性、浪漫、充满激情。甲戌本《红楼梦》凡例有诗云：“漫言红袖啼痕重，更有情痴抱恨长。字字看来皆是血，十年辛苦不寻常。”《红楼梦》第一回作者自云：“满纸荒唐言，一把辛酸泪。都云作者痴，谁解其中味？”又有脂砚斋云：“壬午除夕，书未成，芹为泪尽而逝”……这些都说明，作者确是怀着丰富的情感来进行艺术创作的。鲁迅曾说：“以前的文艺，如隔岸观火，没有什么切身关系；现在的文艺，连自己也烧在这里面，自己一定深深地感觉到。”曹雪芹的确是将自己烧在《红楼梦》里了。

因而，读者读《红楼梦》，不仅能受到哲理的启悟，人生的教训，也能受到激情的冲击、心灵的震撼。“感人心者，莫先乎情。”两百年来，多少读者为《红楼梦》一洒伤心之泪，多少读者为宝、黛的爱情痛断肝肠？这种阅读体验是读《三国演义》《西游记》《水浒传》永远不曾有过的。从这种意义上说，《三国演义》《西游记》《水浒传》只是一部很热闹的故事集，只有《红楼梦》才是真正的文学。文学的魅力不仅仅要把故事讲得好看，更要把故事讲得动人。

入乎其内，出乎其外

王国维说："诗人对宇宙人生，须入乎其内，又须出乎其外，入乎其内，故能写之；出乎其外，故能观之。入乎其内，故有生气；出乎其外，故有高致。"王国维说的是诗人写诗，既要"入乎其内"，要深入生活，把自己"化"入生活中去，充满情感地去写作，这样写出来的诗歌才真实、动人，富有"生气"；但同时，诗人又要"出乎其外"，能够从生活中跳出来，与生活保持一定的距离，理智、客观地观察生活，这样写出来的诗歌才有思想，才能给人以启迪，才有"高致"。

小说家同样如此。一部好的小说，既要有烟火气，能写出人间的真实和真情；又要有思想，要有哲学和文化的观照与反思。诗人气质极其浓厚的曹雪芹，由于他内在的文化心理冲突，使他既能入乎宇宙人生之内，以自己的生活经历与亲身体验为蓝本，饱含感情、细致入微地描写他所热爱、留恋的人物与生活，从而使《红楼梦》富有“生气”，富有现实感；又能使他出乎宇宙之外，站在哲学的高度俯瞰人生，从而使《红楼梦》颇有“高致”，富有超脱精神。

《红楼梦》一开始写了一个甄士隐的故事。前文已述，甄士隐仿佛是贾宝玉的影子，他的一生仿佛是贾宝玉一生的浓缩。但是，读者读贾宝玉的故事，往往会感动流泪；而读甄士隐的故事，可能会为他悲伤的命运感叹，却不会被打动，更不会流泪。这是什么原因呢？

作者写甄士隐，用的是简笔，寥寥数笔，勾勒出甄士隐的大致轮廓。而作者写贾宝玉，用的是工笔，能够“入乎其内”，举凡形容举止、性格爱好、人生经历等，都描写得细致入微，生动传神。简笔画画出的甄士隐，显得单薄、苍白，没有人间的烟火气，因而缺少“生气”。而工笔画画出的贾宝玉，则生气勃勃，血肉丰满，可触可感。文学是需要细节的，大量的细节描写使得贾宝玉更加真实和亲切。

也正因为如此，甄士隐这个人物形象才缺少情感的温度，缺少打动人的情感力量。他和贾宝玉最终都出家了，但同样是出家，读者的感受却是不一样的。如果说贾宝玉的觉悟过程是“因空见色，由色生情，传情入色，自色悟空”的话，那么甄士隐的觉悟过程则是“因空见色，自色悟空”，“情”的渗入使贾宝玉的故事比甄士隐的故事远为深刻动人。甄士隐是在失去女儿，遭了火灾，寄人篱下，受人白眼的情况下出家的。与贾宝玉相比较，他的出家显得更为彻底。然而，有谁会对他的出家刻骨铭心呢？有谁会再去关心他出家后的情况呢？虽在生关死劫上甄士隐悟得很彻底，但我们绝不怀疑他出家之热切与虔诚，然而也正由于其如此决绝，我们便任其飘然而去，没有太多的惋惜与哀伤。贾宝玉出家则软弱得多。贾宝玉太“泛情”，对情的追求又太执着，太炽烈，几乎付出整个青春和生命，并且至死未悟，至死未悔，因而他绝不可能如甄士隐一般走得那么决绝，那么飘然。现实人生固然令他痛苦，令他绝望，但现实人生中“情”的美好，却更使他眷恋和牵挂。从某种意义上说，他的出家，其实是以最激烈的否定的形式肯定着“情”的价值与意义，展示着自身对“情”的执着与坚定。因此，贾宝玉的故事，既贯穿着对人生的哲理反思，又充满了对现实人生的热情和眷恋。对宇宙人生它既“入乎其内”，又“出乎其外”，所以它显得既有“生气”，又有“高致”，更能打动人。

为了进一步说明这个问题，我们可以将《红楼梦》与《金瓶梅》做一个比较。《金瓶梅》大概成书于明万历年间，是我国第一部由文人独立创作的长篇白话世情小说，曾被列为明代“四大奇书”之首。它以西门庆这个富商兼恶霸为中心，描写了他放荡风流的一生及其家庭的兴衰过程。小说最大的特点，是它原生态地展现了当时社会的市井生活，尤其是西门庆和他的妻妾们寻欢作乐、争风吃醋的日常生活。《红楼梦》受《金瓶梅》的影响应该说是很大的，毛主席就曾经说过：“《金瓶梅》是《红楼梦》的祖宗，没有《金瓶梅》就写不出《红楼梦》。”影响最大之处应该是现实主义的创作手法上。《红楼梦》像《金瓶梅》一样，按照“事迹原委”，“不敢稍加穿凿”，描写了贾府上下一众人等的日常生活和命运，也是一部典型的世情小说。

但是，《红楼梦》对《金瓶梅》的学习也仅止乎此。《金瓶梅》

与其说是一部现实主义作品，不如说是“一部自然主义的杰作”。作者太放肆，太没有节制了，他肆无忌惮、极尽铺排地描写了现实生活中的酒色财气、肉欲横流。尤其是大段大段的性描写，低俗下流，不堪入目。所以历朝历代将之列为禁书，不准刊行。即便是现在，《金瓶梅》全册仍被视为黄色小说，不准公开发行。《金瓶梅》自然有烟火气，它是古代最有人性、最有生气的原生态小说。但它的问题也正在于此。《金瓶梅》沉溺于尘世欲海之中不能自拔，显得过分庸俗而缺少哲理的观照与反思。它虽也宣扬了色空思想，但只作为一种对放荡情欲的惩戒，对现世生活的宗教性震慑，一种劝人向善的标签说教，它不是隐然无痕地渗透在作品的艺术整体中，而只是生硬地把外在观念和生活形象拼凑在一起，简单地起到了对宗教的伦理学附会。

反观《红楼梦》，“色”与“空”，恋世情怀与出世精神，哲理反思与俗世生活结合得那么和谐自然，统一之中有矛盾，矛盾之中有统一，相互依存，相反相成，从而在思想上具有让人玩味不尽的丰富内涵。

浪漫主义还是现实主义？

红楼梦是浪漫主义作品还是现实主义作品？这个问题并不容易回答。

中国文学一直有浪漫主义和现实主义两大流派。浪漫主义以屈原和庄子为滥觞，他们的作品想象大胆奇特，文字汪洋恣肆，意象雄浑超越，情致潇洒旷达，善用比喻、拟人、夸张、寓言等修辞手法，通过虚构、夸张、变形的人或物来表达对人生和社会的理想追求。现实主义以《诗经》、杜甫为代表，它提倡客观、冷静地观察现实生活，按照生活的本来面目准确细致地加以描写，力求真实地反映社会现实。浪漫主义遵循理想原则，为了理想可以牺牲真实；现实主义则遵循真实性原则，一切必须符合现实生活的实际和逻辑。

古代小说也有浪漫主义和现实主义，一般是很好区分的。像《西游记》《封神演义》，敷演的本是神界和魔界的人物，完全于现实生活无涉，自然应归入浪漫主义；而像《三国演义》《水浒传》《金瓶梅》，或演绎英雄逐鹿，或叙写强梁落草，或记录市民日常，都是符合历史和现实的真实，至少是符合生活的逻辑和可能性，都是明显的现实主义小说。虽然这些小说里面可能偶涉荒诞，或有失真失实，但只是一些细微之处，并不影响小说主体的真实性。人们常说《三国演义》“七分真实，三分虚构”，其实所谓的“三分虚构”，并非荒诞不经的胡编乱造，它们可能不是历史的真实，但却符合现实的可能性。我们不能说《三国演义》有三分的虚构，就不是现实主义。

但《红楼梦》没有这些小说一目了然，容易区分。

《红楼梦》一开始，作者便设置了三组神话意象：女娲补天神话，“还泪”神话、石头造劫历世神话。在第五回又安排贾宝玉梦游太虚境，通过那个瑰丽神奇、虚无缥缈的太虚境暗示了小说主要人物，“千红一哭，万艳同悲”的悲剧结局。在小说具体展开之后，作者又写到了茫茫大士、渺渺真人的非凡神通，写到了贾宝玉无缘无故、不合常理的疯癫，甚至写了秦可卿的托梦，马道婆的装神弄鬼，等等。小说最后又让贾宝玉再次神游太虚幻境，众女儿的结局一一得到印证。显然，这些情节都是超现实的，荒诞不经的。另外，小说中的两个主要人物，贾宝玉和林黛玉，一个衔玉而生，一个还泪而来，都有荒诞不可解之处，似是神仙般人物，非人间所有。这样看来，红楼梦似乎是一部浪漫主义作品。

但与此同时，作者又展开了庞大而客观的现实主义描写。他笔下的人物，除了极少数神仙佛道人物和甄士隐、贾宝玉、林黛玉身上“有些不可解之处”外，一个个有血有肉，个性鲜明，“人有其声口，人有其性情”，读来如闻其声，如见其人。他笔下的环境描写，极尽细致入微，什么方位，什么物件，如何陈设，逐一介绍得清楚明白，读来如临其境，如在画中。他笔下的情节描写，除了少量带有神秘色彩外，绝大部分写得既细腻，又真实，确实做到了如作者宣称的“追踪蹑迹，不敢稍加穿凿，徒为供人眼目而反失其真传者”，读来觉得如水赋形，真实可信。

作者写现实，可以用“耐烦不怕琐碎”来形容。比如，写大观园，就是一处园子，作者却用了大半回的篇幅来详细介绍。从“曲径通幽”开始，一共上十处景，每一处景是什么样子，有什么特点，作者都不厌其烦，一一介绍。很多读者读至此，往往有不胜其烦的感觉，不明白作者为什么要写得这么细碎。再比如，写贾母两宴大观园，有哪些人参加，各人坐在什么位置，吃了什么东西，说了什么话，事无巨细，写得详细备至。这个情节在小说中并不是很重要，读者往往也不明白作者为什么要如此絮絮叨叨，没完没了。有些读者不喜欢读《红楼梦》，觉得读不下去，主要是这个原因。同样是写现实，《红楼梦》与《三国演义》《水浒传》相比，并不是以情节取胜，就情节的紧凑、激烈、富于变化而言，它是远远赶不上其他几部小说的。但它胜在细节描写上。所以张新之评论说：“今日小说，闲人止取其二：一《聊斋志异》，一《红楼梦》。《聊斋》以简见长，《红楼梦》以烦见长。”《红楼梦》善于用大量丰富的细节来刻画环境、描写人物、烘托气氛、推动情节的发展，这是《红楼梦》的一大特点。

正因为以上的原因，我们很难简单明了地将《红楼梦》归入浪漫主义或者现实主义。过去一般认为，《红楼梦》是一部现实主义或者说严格的现实主义作品，它在细节描写的写实性以及人物环境与人物性格的典型化方面，达到了其他古典小说无从达到的现实主义高度，因而是“现实主义的胜利”。但事实上，这种说法是比较武断和偏颇的，经不起推敲。《红楼梦》中的现实主义描写固然是庞大而深刻的，但是，其中也有大量的浪漫主义元素和特质。简单地将《红楼梦》贴上现实主义的标签，是无从解释诸如神仙、梦幻之类超现实主义的东西的。尽管它们在整部小说占的比重不是甚大，但已渗透到小说的各个方面，包括整体框架构建、人物形象塑造、情节进程安排等，成为小说不可分割的有机部分。强行将之视为作者为躲避“文字狱”而玩弄的“烟云模糊”笔法，其实是对《红楼梦》艺术成就的曲解与漠视。

所以，《红楼梦》既非纯粹的浪漫主义作品，又非严格的现实主义作品，它是现实主义与浪漫主义相结合的作品。而这种结合的完美性，则赋予了《红楼梦》独步千古的艺术魅力。

“尚实”还是“尚虚”？

小说尚实还是尚虚，这是古代小说批评家一直争论不休的一个问题。

明代以前，除了洪迈等极个别的批评家认为小说内容可以是虚幻的外，一般批评家都主张小说必须实录。这和我国古代文史不分的传统观念有深刻渊源。魏晋时期，志怪小说极为发达，其内容多是“传录舛讹”，称道灵怪，荒诞无稽。然而时人并非故作“幻设语”，而是他们以为“幽明虽殊途，而人鬼乃皆实有”，因而记述鬼神怪异与记载人间情事，“自视固无诚妄之别”。这是一个非常有意思的现象，最重视实录的小说批评家推崇的恰恰是最虚幻荒诞的小说。

唐代小说，虽然有些作家“有意为小说”，“作意好奇，假小说以寄笔端”，但仍然强调实录。只不过与魏晋志怪小说相比较，唐代小说“叙述婉转，文辞华艳”，“曲折美妙多了”。明代持实录观念的批评家也为数不少，但他们所批评的对象不再是那些张皇神怪，称道灵异的作品，而主要限于历史小说。如庸愚子在《三国志通俗演义序》中认为："事纪其实，亦庶几乎史，盖欲读诵者，人人得而知之……三国之盛衰治乱，人物之出处臧否，一开卷，千百载之事豁然于心胸矣。"修髯子也认为小说要"羽翼信史而不违"。他们将历史小说等同于历史史实，主张小说必须实录，要不违史实。胡应麟曾以实录标准指责唐人小说道："如《柳毅传》书洞庭事，极鄙诞不根，文士亟当唾去"，甚至指出："此事特诳而不情，造言者至此，亦横议可诛者也。"《柳毅传》在唐人看来也许是实录其事，而至明代，却遭到同样持实录标准的文论家的强烈抨击。

明代古典小说极其繁荣，小说批评也蓬勃兴起，流派众多。除尚实派外，与之对立的幻奇派也颇具影响。明代前期，《三遂平妖传》始开神魔小说之风习，尔后《西游记》奋起争艳，攀浪漫主义小说之巅，其瑰丽辉煌，令人目眩。于是学步者纷起，《飞剑记》《西游记》《封神演义》《三宝太监西洋记》等等风起云涌。这些神魔小说的创作，冲击了小说重实录的传统观念，导致了幻奇理论的兴起。署名为幔亭过客的袁于令《西游记·题词》中有段话："文不幻不文，幻不极不幻。是知天下极幻之事，乃极真之事；极幻之理，乃极真之理。故言真不如言幻，言佛不如言魔。"袁于令认为，浪漫主义小说以幻取胜，幻不仅仅是指个别的人物事件超乎现实，而是指小说的整体构思、人物、事件都应虚构幻化，即所谓"极幻"。如此建构的幻化世界，并非荒诞不经、毫无意义，而是包藏着"极真之事"，渗透了"极真之理"，因而他得出"言真不如言幻"，将幻奇理论推至极峰。纵观有明一代的小说批评，幻奇理论是占据着最主要的地位的。

不过，在注重写实和崇尚幻奇这两派小说批评之外，还有一些批评家强调二者的结合，强调虚与实、真与幻、奇与正的相互融合，相辅相成。如张无咎提出将“真幻兼备”作为小说批评的标准：“小说家以真为正，以幻为奇。然语有之：‘画鬼易，画人难’。《西游》幻极矣，所以不逮《水浒》者，人鬼一分也。鬼而不人，第可资齿牙，不可动肝肺。《三国志》人矣，描写亦工，所不足幻耳。”他主张小说戏曲应真幻结合，不可偏废。《西游记》“幻”有余，而“真”不足；《三国志》“真”有余，而“幻”不足。只有《水浒传》《西厢记》才是真幻结合的最佳楷范。冯梦龙有段话可与之相互发明：“野史尽真乎？曰：不必也。尽赝乎？曰：不必也。然则去其赝而存其真乎？曰：不必也。……人不必有其事，事不必有其人。其真者可以补金匮石室之遗，而赝者亦必有一番激扬劝诱、悲歌慷慨之意。事真而理不赝，即事赝而理亦真。”

冯梦龙从作品思想意义的角度，肯定了小说可以虚构，主张“真”“赝”结合。谢肇和李日华等人则从艺术创作的角度，明确提出小说应“虚实相半”“虚者实之，实者虚之”：“凡为小说及杂剧戏文，须是虚实相半，方为游戏三昧之笔，亦要情景造极而止，不必问其有无也。……必事事考之正史，年月不合，姓字不同，不敢作也。如此，则看史传足矣，何名为戏？”“因记载而可思者，实也；而来必一一可按者，不能不属之虚。借形以托者，虚也；而反若一一可按者，不能不属之实。古至人之治心，虚者实之，实者虚之。实者虚之故不系，虚者实之故不脱，不脱不系，生机灵趣泼泼然，以坐挥万象，将无忘筌蹄之极，而向所雠校研摩之未尝有者耶。”李日华不仅指出小说创作应该“虚者实之，实者虚之”，而且指出了这种虚实相生的创作手法所产生的艺术效果：即使得小说“不系不脱”，既不板滞，又不脱离现实，既有“生机”，又多“灵趣”。这实是深谙小说艺术的高明之见。清人金丰也说过与此意相同的一番话：“从来创说者不宜尽出于虚，而亦不必尽由于实，苟事事皆虚则过于诞妄，而无以服考古之心，事事皆实则失于平庸，而无以动一时之听……故以言于实，则有忠有奸有横之可考，以言于虚，则有起有复有变之足观。实者虚之，虚者实之，娓娓乎有令人听而忘倦矣。”

比较中国古代小说批评家对“虚实”关系的阐发，应该说，主张虚实结合、奇正相生的批评观无疑是最高明的。事实上，中国古代几大著名长篇小说的创作，大多遵循的即是这条虚虚实实、真真假假的道路。如《金瓶梅》《水浒传》这类现实性强的作品，也渗入了一些鬼神灵怪，因果轮回之类超现实的东西；而《西游记》《聊斋志异》这类虚构性强的作品，也多多少少透露出来自人间生活的现实气息。不过，在大多数古典小说创作中，这种虚与实、幻与真、奇与正的结合往往显得生硬、机械，或者过于虚幻，或者过于泥实，或者“实”被“虚”所淹没，或者“虚”游离于“实”，“虚”与“实”达不到一种完美的和谐统一。只有《红楼梦》，以其杰出的艺术成就，完美地实践了这种“虚实相半”的小说理论，从而超越了一般古典小说处理虚实关系的“传统的写法”。

前无古人的艺术超越

红楼梦在小说艺术上取得的超越性成就是全方位的，包括情节安排、人物塑造、语言艺术等，这里我们侧重从虚与实、奇与正的角度作一些探讨。

《红楼梦》的这种超越首先表现在对现实生活的艺术呈现方面，即在“写实”方面的超越。

一是题材选择。古典小说家，不管是倾向实录还是倾向幻奇，在题材的选择上遵循的最基本的美学原则就是尚奇。诸如历史演义、英雄传奇、神话故事等，毋庸置言，它们所选取的题材或是远离平凡生活的、轰动的历史事件，或者是神奇的传说故事，即令是宋明以后伴随着市民阶层的壮大而繁荣起来的话本小说，其取材虽接近日常生活，但它热衷的仍是“耳目前之怪怪奇奇”。在《红楼梦》庞大的现实描写之中，虽然也间杂着一些怪怪奇奇的东西，但主要笔墨却是指向平凡的个人和家庭生活。它详尽地描绘了日常生活的众多场景和细节，完全排除了旧小说所追求的“可喜可愕，可惊可怖”的传奇内容，严格地遵循着生活本来的形态，使作品的内容像生活本身一样自然。

二是情节结构安排。中国古典小说的尚奇倾向不仅制约着题材的选择，同时也体现在题材的艺术展开上。在小说叙述的三要素——人物、情节和背景中，传统小说的作者一般都将人物和背景描写推到次要的位置，而把构思和安排曲折离奇、富于戏剧性的情节置于首要地位。因为正是复杂多变的情节，才能造成和渲染紧张轰动、引人入胜的传奇氛围。而《红楼梦》则不同。它虽然在外部形态上仍然沿用了章回的形式，但是淡化了传统小说以各种方式强调的情节营造，作家关注的首先是人物性格的刻画和环境的描绘。它打破了《三国演义》《水浒传》等传统小说以情节的发展来纂集故事的方式，而以主人公的生活历程和精神发展作为贯穿全书总体结构的基本线索。它不刻意追求情节的曲折性和传奇性，而只注重合乎“事体情理”。情节不再是小说的目的，而是从属于人物性格发展的需要。《红楼梦》的情节显得有点平凡，有点散淡，却刻画出了主人公艰难复杂的心路历程，故又显得那样的“新奇别致”，富有艺术魅力。

三是主题思想。《红楼梦》对“情”的价值的强烈凸显，使它在描写现实生活的深刻性与动人性方面远远超越了其他的传统小说。传统小说在艺术上有一个极大的缺点就是它那露骨的道德说教。尤其在明清时期，绝大多数小说都公开宣传封建的忠孝节义观念和因果报应的迷信思想。这种道德说教像传奇性一样损害了传统小说的艺术真实，同时也使得传统小说缺乏一种动人的情感力量。“感人心者，莫先乎情”，艺术不需要板着面孔的道德说教，艺术需要情感的灌注，没有情感的艺术永远是没有动人力量的艺术。《红楼梦》与其他传统小说不同，它始终将“情”置于现实描写的最中心地位，始终将“情”作为人生的意义与价值之所在，这是它远较《金瓶梅》高雅、又远较《枕中记》动人的最主要原因。

《红楼梦》对传统小说的超越，还表现在对“幻”的描写的高超艺术手法。

一是神话故事的创新。《红楼梦》的神话描写与传统小说相较，既富有哲理性，又显得优美动人。传统小说虽有时也穿插些神话描写，如《水浒传》里“洪太尉误走妖魔”等，但往往仅仅为了引出后文或者为了表现因果轮回之类的观念，艺术手法显得较为拙劣。而《红楼梦》中的神话描写，特别是石头的故事，它对个体生命乃至人类历史的形象象征，它对人类的本源、人生的意义之类形而上的“人生之谜”的深刻思考，都表现出了极强的哲理意蕴。同时，《红楼梦》的神话描写也格外优美动人，“绛珠仙草”“还泪”的故事，更是精彩绝伦。它将男女之间那种刻骨铭心、爱而不得的痛苦恋情表现得那样缠绵，那样至情，那样哀婉，那样富有人间情味，与小说内容相比又是那样贴切，真是千古绝唱。在古典小说里，我们何尝见到这等优美动人的神话传说？而这样的故事，不是来自民间的传说，不是出自神话时代的“原型”，而是来自后神话时代的文人创造，就更加令人赞叹。

二是写作空间问题。《红楼梦》一开始便写了三个神话故事，并反复强调其创作是“将真事隐去”，是“假语村言”，是“经历过一番梦幻”，是“说来虽近荒唐，细玩颇有趣味”，告诫读者不可当真，不过是供“醉余睡醒之时，或避事消愁之际，把此一玩”而已。这样，作者就极其巧妙地为自己留下了极大的创作自由，留下了艺术创造力纵横驰骋的空间。作者不需要为追求人物与细节的真实性而斤斤计较，不需要为追求所谓的道德目的而顾虑重重，也不需要为追求情节的严密性而胶柱鼓瑟，反正作者事先已声明其创作是“假”是“幻”，是无关“理治”的消闲之作。比如说《红楼梦》的时间描写，就充分体现了作者的这种创作自由和创作艺术。一般的长篇小说都注重历史事件与历史背景的展现，追求小说的历史感，追求时间的确定性。《红楼梦》则不同，它的时间是模糊的，不确定的。小说开宗明义，就反复说明“无朝代年纪可考”，各章回中也极少用清晰的语言表明时间顺序与时间距离，大多用“一日”“这日”“是日”“这年”之类极为模糊的说法来叙述一件事的开始。这种写法，固然使小说缺乏一种历史感，但是，首先，时间的模糊性可以使作者笔下的故事具有一种超越“朝代年纪”的普遍性和共同性，作者的人生感悟因而更富有普遍意义；其次，时间的模糊性可以加深对作者创作意旨的表达。为了表达“人生如梦”的创作主旨，作者开篇便叙述了小说的来历，原来是作者“因曾历过一番梦幻之后，故将真事隐去，而借‘通灵’之说，撰此《石头记》一书。”而《石头记》所叙何事？乃是不知“几世之劫”之前，女娲补天剩下的一块石头“无材补天，幻形入世，蒙茫茫大士、渺渺真人携入红尘，历尽悲欢离合炎凉世态的一段故事”。这样，作者就为读者建立了一个遥远的观察点。这个观察点就是“大荒山无稽崖青埂峰”，就是一种超越于人世之外、超越于历史之外、超越于时空之外的永恒。既云“曾历一番梦幻”，梦醒之后回忆梦中情事，时间的确定性又有什么意义呢？既云“不知过了几世几劫”，那么几世几劫之前，石头幻形入世的故事时间谁又能分清划定呢？即便能够分清划定，那又有什么意义呢？不管石头的故事如何精彩动人、缠绵悱恻；不管红尘是如何热闹繁华、温柔富贵；不管少男少女是如何生离死别、恩恩怨怨，相对于无限的永恒来说，这一切都如做了一场梦一样太短暂，不过发生在一瞬间。而对于一瞬间来说，确定的时间顺序与时间距离又有什么意义呢？

三是虚实结合，奇正相生。与传统小说相较，《红楼梦》的梦幻描写不是游离于现实描写之外，而是与现实描写水乳交融。鲁迅曾从真与幻结合的角度赞扬《南柯太守传》道：“篇末言命仆发穴，以究根源，乃见蚁聚，悉符前梦，则假实证幻，余韵悠然，虽未尽于物情，已非《枕中》之所及矣。”《红楼梦》中，这种“假实证幻”，以幻写实，幻真结合的艺术手法是非常高超、完美的。《红楼梦》的梦幻描写不脱离丰富活泼的现实人生，并非只凭借先天的运命图谶，而是紧紧抓住现实的因缘来安排人物命运，因而不流于荒诞；它的现实描写，因为有梦幻因子的介入，既取得了一种高视点的哲理观照，又使其行文风格飘洒自如，空灵飞动，不拘囿于追求每个人物、事件的真实性以及小说时间的精确性、单向性，从而不流于呆板笨拙。宗白华说：“中国艺术境界的创成，既须得屈原的缠绵悱恻，又须得庄子的超旷空灵。缠绵悱恻，才能一往情深，深入万物的核心，所谓‘得其环中’；超旷空灵，才能如镜中花，水中月，羚羊挂角，无迹可寻，所谓‘超以象外’。”若以境界论，《红楼梦》是深得中国艺术的“个中三昧”的。

琢是天真

后记

写作这样一本小书，完全是事出偶然。

由于某种特殊的原因，我偶尔把二十多年前写的研究生论文翻了出来。论文是有关《红楼梦》的讨论。碰巧为一友人所见，多有肯定和溢美之词。只是又觉得文章中的诸多观点未及展开，读来颇有不尽兴之感。倒不如以此为基础，将原有内容扩展、充实，写出一本书来，以与《红楼梦》的爱好者交流分享。

听了友人的鼓励，我不免心有所动。这些年虽然为俗务杂事缠绕，汲汲于功名利禄，很难静下心来做一些深入思考，但心底深处一直是有种《红楼梦》情结的。所以闲暇之余，偶尔也把《红楼梦》随意翻看翻看，不为研究之用，仅仅作为业余的消遣。《红楼梦》有一个本事，就是让读者常读常新，每次读后都有不同的感受。我也是如此。日积月累下来，多有一些新的体会和感悟。这次把二十几年前写的文字再细细看一遍，中间自然免不了年少轻狂和幼稚，但也不乏年轻人的锐气和激情，时有可圈可点之处。感慨之余，决定听从朋友的建议，以论文的脉络为骨架，融入平时的点滴思考，用随笔的形式，撰写一本关于《红楼梦》的书。

决心既下，便马上开始了全书的构思和写作。虽然工作还是繁忙，但忙里偷闲，见缝插针，写作竟是异常的顺利。两个月拉出初稿，第三个月整理完稿，于是便有了这本奉献给读者诸君的小书。

关于《红楼梦》的看法，历来是仁者见仁，智者见智。我读《红楼梦》，遵循三条原则。

第一条是重事实。《红楼梦》的事实是什么？就是《红楼梦》的文本本身。关于《红楼梦》的作者及相关问题，历史上留存下来的史料本来就少，而且即便是这些很少的史料，也不一定有价值，所以《红楼梦》研究唯一可靠的依据就是小说自身。研究《红楼梦》不能脱离小说文本，否则容易陷入索隐派或考证派的泥沼。

第二条就是要依常识。比如关于《红楼梦》后四十回的问题，从文学创作的经验和规律来看，是不可能由高鹗续补完成的。即便他有这个才情，也不可能在用语习惯、文字风格、气质特征上与前八十回保持完全的一致。事实上，我们一般读者是很难发现前八十回与后四十回有什么异同的。这就是常识、常理。如果仅仅根据一星半点的史料，就武断"考证"出后四十回系人续作，这种缺乏常识的结论，即便出自博学如胡适博士之口，恐怕也不会为大多数读者所认同。

第三条便是说自己的话。不迷信权威，不屈从"定论"，不人云亦云。"我手写我心"，说实话，说自己的话。我不是专门的红学研究者，更非红学权威，而只是《红楼梦》的一个普通读者，一个红学爱好者。文中表达的是我阅读《红楼梦》的一些体会和思考。这些体会和思考可能很肤浅，很片面，甚至是错误的。但是，这又有什么关系呢？“纵横正有凌云笔，俯仰随人亦可怜”，虽无凌云之笔，但不愿俯仰随人，拾人牙慧，却是我写作此书的一个原则。再者说，《红楼梦》本是一本用“假语村言”敷演的“荒唐”之书，又何妨我用荒唐之言对其说短道长？正像看《红楼梦》一样，读者诸君不要太认真就是了。

红楼一梦本荒唐，更有愚人说短长。
似梦似幻易迷性，半真半假细端详。
独出机杼发心声，力拨云雾求本相。
莫笑我作荒唐语，谁为曹公一泪殇！

——《书成有感》

古人云：“知音其难哉！”又云：“嘤其鸣矣，求其友声。”如果有一二读者，能够对文中的某个观点，或者某句话，“心有戚戚”，若有所动，我将引之为知音，并心存感激。

作者 2021 年 10 月

图书在版编目(CIP)数据

哲学的石头 / 刘学明著.
—武汉：长江出版社，2022.1
ISBN 978-7-5492-8147-3

Ⅰ. ①哲… Ⅱ. ①刘… Ⅲ. ①《红楼梦》研究—文集 Ⅳ. ①I207.411-53

中国版本图书馆 CIP 数据核字(2022)第 003584 号

哲学的石头 / 刘学明 著

出　　版	长江出版社 (武汉市解放大道 1863 号 邮政编码：430010)
市场发行	长江出版社发行部
网　　址	http://www.cjpress.com.cn
责任编辑	江　南
印　　刷	武汉精一佳印刷有限公司
版　　次	2022 年 1 月第 1 版
印　　次	2022 年 1 月第 1 次印刷
开　　本	700mm×1000mm　1/16
印　　张	16
字　　数	192 千字
书　　号	ISBN 978-7-5492-8147-3
定　　价	48.00 元

训有方，保不定日后作强梁；择膏粱，谁承望
巷！因嫌纱帽小，致使锁枷扛；昨怜破袄
烘烘你方唱罢我登场，反认他乡
来都是为他人作嫁衣
为情种，都只为风月
怀[illegible]家京时试笔
红楼梦

為綠紗之文也

擬正本之如何南樓

之肯令寄紅蝦帳底臥紅

先占人皆謂正字他人命之長郵

之方保子寄日後代張梁擇齊梁誰乃

花巷因嫌紗帽小致令鎖柳杠昨情破祆